PLM メソッド

ファンを増やしてプロ野球の景色を変える!

構成・執筆＝タカサカモト
取材協力＝パシフィックリーグマーケティング株式会社

徳間書店

プロローグ

2023年3月、世界一野球が強い国を決める大会であるWBC（ワールドベースボールクラシック）において、侍ジャパンこと日本代表が3大会ぶり3度目の優勝を果たした。あのとき日本中を巻き込んだ熱狂と興奮は、今も多くの人の記憶に深く刻まれていることだろう。

世界的に見れば、野球は、まだまだローカルスポーツにすぎないかもしれない。しかし、少なくとも日本においては、世代を超えて長らく親しまれてきた国民的スポーツであり、名実ともに国内最大級のプロスポーツでもある。

そんな伝統ある日本プロ野球の世界は、一方で、まさにその伝統ゆえに、ときに硬直的で、前向きな変化をも拒絶する特殊な業界と見られてしまっている側面も否定はできない。

これはプロだけでなく、高校野球や少年野球においても同様である。厳しすぎる上下関係や、長時間の非科学的練習など、野球を取り巻くさまざまな旧態依然の状況に拒否反応を示す人は多く、少子化の影響もあるなかで子どもたちの野球離れは年々加速の一途を辿っている。

アマチュア野球界においては、2023年夏の甲子園を制した髪型自由の慶應義塾高等学校が、新時代の高校野球を象徴する改革の旗手としておおいに話題となった。翻って、プロ野球界ではいかがだろうか。分厚い伝統の壁に挑む改革者は、どこかに存在するのだろうか。

個人を挙げるなら、まさに前述のWBC優勝の立役者であり、その勢いのままMLB（メジャーリーグベースボール）で、日本人初のホームラン王にも輝いた大谷翔平はその筆頭といえるだろう。

もはや、説明不要の国民的スーパースターであるが、選手として投打の二刀流という前人未到の世界を切り拓いただけではない。2023年のオフシーズンには、「野球しようぜ！」というシンプルなメッセージとともに、全国の小学校約2万校にグローブ3個を寄贈することを発表し、子どもの野球離れに彼独自の流儀で立ち向かう姿勢を示している。

あるいは、同じくＷＢＣ優勝における最大の功労者の一人として、チーム内外の尊敬を集めたダルビッシュ有も、彼を慕う後輩選手への惜しみない直接的な助言にとどまらず、ＹｏｕＴｕｂｅやＳＮＳなど、さまざまな方法で自らのトレーニング方法を紹介し、さらには野球界の伝統に切り込む問題提起などを積極的に行っている。

こうした影響力のある個人による行動や実践がきわめて重要であることはいうまでもないが、一方で、組織レベルでの改革もともなわなければ、容易には動かないのが世の中である。

硬直化したプロ野球界を変革する組織の存在は、競技人口そのものが減り続けるこの国の野球の未来を左右するといっても過言ではない。

果たしてそんな組織が実在するのだろうか。

実は、すでに存在しているのである。

２００４年に日本中を騒がせた球界再編問題を経て、パ・リーグ６球団が２００７年に共同で設立したリーグビジネスカンパニー、「ＰＬＭ」ことパシフィックリーグマーケティング株式会社だ。

同リーグ専門のインターネット配信プラットフォームである「パ・リーグTV」の運営会社といえば、ピンとくる野球ファンの方もいるだろう。

加速するファン離れや、MLBとの間で大きく開いた市場規模格差への危機感が、この新たな組織の誕生を促した。

それまでは、原則、各球団が独自の方針で興行を行っていただけだったプロ野球界で、少なくともパ・リーグにおいて「6球団でやったらいいこと」「1球団ではできないこと」を、ビジネス領域に掲げて成長・発展してきた同社が、たとえば、日本の野球観戦の景色を、いくつか大きく変えてきたことはあまり知られていない。

山陰地方に生まれた私の少年時代、1990年代を思い返すと、野球中継といえば、地上波放送の巨人戦以外をまともに観た記憶がない。とくにパ・リーグに至っては、ニュースやゲームを除けば、その存在にふれる機会そのものがきわめて乏しかった。

言葉を選ばずに表現すれば、地元にパ・リーグ球団を抱える地域は別として、当時のほとんどの子どもにとって、プロ野球の主人公はセ・リーグであり、パ・リーグに関しては、「何かもう一つあるリーグ」という位置付けに近いものだったはずだ。

あの頃の自分に、将来、パ・リーグだけが公式に全試合ライブ配信サービスをもち、

プロローグ

当時はまだ存在しなかったＹｏｕＴｕｂｅやＳＮＳも積極的に活用しながら、膨大な数の視聴者・観戦者を獲得していると伝えても、きっと信じられないだろうと思う。

変わることすら想像できなかった景色が大きく変わった要因は、実は、単なる時代の流れだけではなかった。

そこには、変革の立役者となった組織の存在があり、そこで働くプロフェッショナルな人々の存在があったのだ。

本書の主人公は、強固な伝統が力をもつプロ野球界において、人知れずいくつもの変革や挑戦を行ってきたＰＬＭという企業であり、そこで働く、あるいは働いたことのある第一線のスポーツビジネスパーソンたちだ。

同じく知る人ぞ知る野球界の改革派組織に、セイバーメトリクスと呼ばれる統計学的手法を用いて試合のデータ分析を行う株式会社ＤＥＬＴＡがある。このＤＥＬＴＡの敏腕アナリストである蛭川《ひるかわ》皓平《こうへい》も、密かにＰＬＭの存在に注目していた一人だ。

「プロ野球の在り方を変える斬新な取り組みをたくさん仕掛けてきた、めちゃくちゃ面白い会社がある。だが、その割に、これまで大きく話題に取り上げられてきたわけでもないので、実態がベールに包まれた少数精鋭の謎のプロ集団という印象です」

会社とは人であり、組織とは人である。とくに少数から成る組織ともなれば、ますます人を見れば組織がわかる。

本書はこの考えに立ち、そこで働く人々の姿を通じて、PLMという企業の姿を浮かび上がらせることを試みた1冊だ。野球を軸としたスポーツの本であり、ビジネスの本であり、要するにスポーツビジネスの本なのだが、同時に人間の物語でもある。経営者がいて、会社員がいて、元フリーターがいて、弁護士もいる。さまざまな個性をもった人々が関わって、一つの魅力的な組織が生まれている。

とにかく面白いので、読んでみてほしい。書いた本人がいきなりここまでいうのは珍しいかもしれないが、理由は簡単だ。登場する人物が、とにかく魅力的なのである。私はそれをただ文字に表して伝えることしかしていない。

しかも、個性的といっても、必ずしも宇宙人のように変わった人や目に見えて突出した才能に恵まれた人が出てくるわけではない。いずれも読者のみなさんの隣に、同じ職場に、あるいは同じ教室に、もしかしたらいるかもしれないし、いたかもしれない人ばかりだ。

一人ひとりの物語にどこか共感し、一方で驚嘆しながら、同時にパ・リーグを変え

プロローグ

てきたプロ集団の歴史と取り組みを学べる。あるいは、スポーツビジネスの仕事に興味がある読者にとっては、キャリアを拓くための参考書としても読んでいただけるだろう。

1冊で三度おいしいこの少し変わった本を、騙されたと思って是非、読んでみていただきたい。

時に壁にぶつかりながらも、情熱をもって行動する。失敗を恐れず打席に立ち続ける。そうやって少しずつ、世の中や人生の景色を変えていく。そんな組織と人々の姿に、きっと何かを感じていただけるはずだ。

目次

第2章

きつねダンスブームの火付け役 51

第3章

夢を叶えた熱血タイガース少女 81

第4章 スポーツビジネスとキャリア 111

第7章 COOは少年野球コーチ 199

第1章

PLMの誕生とジャージ姿の風雲児

ジャージ姿の不審者

2019年のある日、東京は日本橋近くのビジネス街の一角で、ある男が警察の職務質問を受けていた。

一度会ったら容易に忘れられないであろう鋭い目つきに無精ひげ、アウトドアジャケットの下はジャージというカジュアルな出で立ちで、鞄は持たず、2台のスマホだけを握りしめ、ときどき立ち止まっては周囲の様子を確認し、熱心に画面を覗き込んでいた。

すると、そんな様子を見た警察官が、一度すれ違ったあとにわざわざ引き返して呼び止め、持ち物をすべて見せるよう要求したのだ。

ポケットの中身を取り出しながら、男はあらためて自分の出で立ちを見直し、理解した。昼下がりのビジネス街をうろつく、ジャージ姿にスマホ2台の40代男性。たしかに、「まともな職」についているようには見えない。どうやら特殊詐欺の「受け子」か何かと疑われているようだった。

第1章

PLMの誕生とジャージ姿の風雲児

ホテルで海外からの訪問客との会食を終え、勤務先のオフィスに戻る途中であったことを伝え、会食相手の名刺を見せた。

幸いにしてすぐに解放されたが、自分がパ・リーグ6球団の共同出資による気鋭のスポーツビジネス企業、パシフィックリーグマーケティング株式会社（以下、PLM）の代表取締役CEO（最高経営責任者）であることや、真剣に画面を覗き込みながら右に左と歩き回っていた理由が、スマホゲームの「ポケモンGO」であったことは、その場では伝えなかった。

ところで、一般に警察官というのは、その職業的性格から違和感に対して鼻が利く。とくに、人が放つ違和感には敏感だ。何かしら「只者でない」雰囲気をもつ人間というのは、その場の風景に溶け込みきらず、文字どおり何らかの異彩を放ち、どことなく浮いて見えるものだ。もし、件《くだん》の警察官がそんな「異彩」に反応して彼を呼びとめたのだとしたら、ある意味でその目は確かだったといえる。

知る人ぞ知る、この国のスポーツビジネス界を代表する風雲児の一人、根岸友喜という人物は、実際、只者ではない。浮いていたのも納得である。

球界再編という激震と幸運な副産物

ここで、時は2004年6月に遡る。

長い歴史と強固な伝統を誇るプロ野球界に、かつてない規模の激震が走った。球界再編問題である。

当時のパ・リーグ加盟6球団のうち2球団、オリックス・ブルーウェーブと大阪近鉄バファローズの合併話が突然、明るみになったことを契機として、セ・パ両リーグの球団・オーナー・選手、そしてファンに至るまで、あらゆる関係者を巻き込んだ歴史的大騒動が、何カ月間にもわたって続いた。

さらなる球団合併を前提とする1リーグ化をはじめとした複数の大胆な改革案が検討され、そのなかで各利害関係者間にさまざまな対立が生まれ、ついにはプロ野球史上初の選手によるストライキが2日間にわたって決行された。

時の日本プロ野球選手会会長として、さまざまな訴えと交渉を引き受けていた古田敦也の憔悴しきった表情を、当時あまり野球を熱心に観ていたとはいえない私ですら、

第1章

PLMの誕生とジャージ姿の風雲児

今も鮮明に覚えている。野球ファンもそうでない者も、一緒になって事の成り行きを見守った。プロ野球の未来そのものを、誰もが不安視した1年だったといえる。

プロ野球界が長年抱えていたさまざまな矛盾や問題が次々に露呈し、かつてない規模のファン離れという、もっとも手痛い代償を球界全体が払う結果になった。

最終的に、当初の2球団合併話が現実のものとなってオリックス・バファローズが誕生し、そこに生じた空席を埋めるかたちで50年ぶりの新球団、東北楽天ゴールデンイーグルス（以下、イーグルス）が参入した。

また同年秋、福岡を本拠地としていた福岡ダイエーホークスもオーナー企業が代わり、福岡ソフトバンクホークスとなった。実に2球団のオーナーがIT企業となり、その意味でも時代の変化を象徴する出来事になった。

こうして前代未聞の球界再編に揺れた1年を経て、現在の6球団による新生パ・リーグが誕生した。

この歴史的難産から3年後、件の球界再編に続く流れを受けて創設された、ある種の副産物的存在こそが、本書の主役、PLMである。

ＰＬＭ誕生の背景とリーグビジネス

２００５年、新たな顔ぶれで再出発を迎えたパ・リーグは、リーグ全体として新たに広くファンを獲得していくための施策に打って出る。

携帯電話（ガラケー）の画面上でパ・リーグの試合が観られる配信サービス、「プロ野球24」をリリースしたのだ（２０１９年5月にサービス終了）。このサービスは２００６年に4球団合同でスタートし、翌年、翌々年に残り2球団が順次加入、全6球団が足並みを揃えたかたちのサービスとなった。

この流れのなか、6球団の共同出資によって２００７年、「プロ野球24」の事業運営を担うかたちで発足したのがＰＬＭの始まりである。

配信サービスのほかにも、各球団公式サイトの制作・運営など、各球団が別々に行っていたＩＴ事業をまとめることによるコスト削減、加えてリーグスポンサーの販売などによる収益拡大もまた、ＰＬＭ設立の目的に含まれていた。

その背景には、各球団が独自にビジネスを展開してきた日本プロ野球界に対し、リーグ全体でビジネスを行うことで巨大な市場を創出していたアメリカのMLB（メジャーリーグベースボール）の存在があった。

より率直にいえば、従来の日本のプロ野球球団は各オーナー企業による宣伝ツール的な存在として位置付けられており、単体の事業体としては赤字の球団も珍しくなかった。

つまり、球団ビジネスも含め、まだまだ厳密な意味での「スポーツビジネス」たりえていなかったといえる。なかでも、このリーグビジネス方式によって日米の市場規模にもっとも大きな差を生んでいたのが放映権であった。

日本のプロ野球においては、放映権も各試合の主催球団に帰属しているため、各球団が個別にホームゲームの放映権を販売する。

当然、試合ごとに放送主体がバラバラになるため、必ずしもファンに対してフレンドリーとはいえない状況が常態化していた。

これに対しMLBは、両リーグを合わせた30球団分の放映権を一括で管理・販売する仕組みがあることで、年々金額が上がり、かつ分散管理の場合に発生するであろう余計なコストを削減することにも成功していたのである。

その結果を見れば、日本球界もこれに倣うべきなのは明らかだった。

とはいえ、各球団ごとの事情や長年のビジネス的背景もあるため、テレビ放映権をひとまとめにすることは容易ではない。

そこで目をつけられたのがインターネット配信権だった。

前述したように、2004年の球界再編によってパ・リーグ6球団中2球団のオーナーがIT企業となっていた状況もあり、多少の利害調整は必要となったが、それでも最終的には6球団まとまっての配信サービスが実現した。

プロ野球における初の「リーグビジネス」が芽吹いた瞬間であり、日本のスポーツビジネス史に残る一大イノベーションが始まった瞬間でもあった。

プロ野球中継といえばテレビ、しかも放送されるのはもっぱら巨人（読売ジャイアンツ）戦で、それ以外の試合など滅多に目にする機会もなかった20世紀の常識を考えると、すでに画期的なことである。

ちなみに、多くの読者の脳裏に浮かぶ疑問として、「なぜパ・リーグ6球団だけなのか」というものがあることだろう。

本書のテーマから逸れるためここでの詳述は避けるが、2005年時点で全12球団

第1章

PLMの誕生とジャージ姿の風雲児

が完全に一つにまとまることは、日本プロ野球の「歴史」と「伝統」がまだ許さなかった。

そのうえで、PLMの設立当初からの目標の一つに、「12球団でまとまってビジネスを行う〝NPBマーケティング〟の誕生による発展的解消」があることを記しておきたい。

一方、1993年に開幕した日本初のプロサッカーリーグであるJリーグは、開幕当初からリーグビジネス方式で放映権を管理・販売している。

パ・リーグTV誕生と風雲児の加入

配信サービス「プロ野球24」とともに誕生した、PLMとリーグビジネス。

その試みは設立から5年後の2012年、現在まで同社の主力事業として発展を続けることになるパソコン・スマホ・タブレット向け配信サービス、「パ・リーグTV」の誕生に結実する。

その前年に外部委託のかたちでスタートさせていたサービスを自社運営に切り替え、新たに発足させたものだった。

このほかにも、クライマックスシリーズのスポンサー営業や6球団合同での球場集客プロモーションなど、すでに複数の事業を手がけていたPLMだったが、その後の右肩上がりの成長曲線は、このパ・リーグTVのサービス開始とともに始まったといえる。

さらに翌2013年、結果的にPLMの成長を一気に加速させることになった、もう一つの要因が加わることになる。

第1章

PLMの誕生とジャージ姿の風雲児

球団職員として勤めていたイーグルスから自ら望んで出向し、4年後にPLM史上初の専任代表取締役CEOに任命されることになる、根岸友喜だ。

埼玉県出身で、高校までバスケットボールに勤《いそ》しんだ根岸は、大学卒業後、旅行が好きだからというシンプルな理由で国内大手旅行会社に入社する。

国内外への添乗の仕事などもこなすかたわら、自身の配属されたエリアを本拠地としていたJリーグクラブを顧客として受けもつ機会もあり、これが彼が最初に仕事でスポーツにふれた経験となった。

旅行と並んでスポーツを愛し、さまざまな競技の試合を現地観戦していた根岸は、社会人になって間もない頃から、いつかはスポーツの世界で働くことを志していた。

Jリーグクラブとの仕事をきっかけにサッカー界への転職も頭をよぎったが、最終的にスポーツに関わるなら、まずは日本最大のプロスポーツである野球の世界を経験すべきとの結論に至り、虎視眈々とその機会を伺いながら20代を過ごした。

その後、日系企業とは異なる自由な社風を期待して外資系メーカーに転職する。

しかし結局のところ、現地法人にすぎない日本支社には、自身の求めていた「自由」は存在しないことを早々に悟り、わずか1年で再び転職を決意する。

２００７年、30歳の年だった。スポーツ界に行くなら今だと感じ、タイミング良く求人が出ていたイーグルスに球団職員として加わった。

チケットセールスや広報など、幅広い業務に携わりながら、そこで6年間働くことになる。

異動を拒否してPLMに出向へ

転機が訪れたのは2013年だった。前年の11月、球団から社内での人事異動を命じられた根岸は、何とその場で即、辞令の拒否を宣言する。

異動先の業務に魅力を感じられず、異動そのものにも論理的意味を見出せなかったというのがその理由だったが、サラリーマンとしては明らかに異端者の振る舞いである。

しかも、話はそれだけで終わらない。まず、異動を拒否したうえで、さらに自らPLMへの出向を願い出た。当時のPLMはすでに、パ・リーグTVのサービスを立ち上げていたとはいえ、4名の専従者（社員が2名、球団からの出向が2名）しかおらず、誤解を恐れずにいえば、6球団のおまけのような子会社的存在だった。

専用オフィスこそ東京都内にあったものの、その中身は実質ワンルームのような、間仕切りもない小さな空間だった。

一般的な企業の人事異動を想像すればわかることだが、会社の命令を躊躇なく拒否するような血気盛んな30代の人間が、進んで出向を希望するような場所でなかったことは間違いないだろう。

ともあれ結果的に、この異例の出向願いは承認され、当の根岸自身はきわめて前向きな気持ちで、ワクワクしながらPLMに着任した。

もともとイーグルスの球団職員時代から、PLMの仕事にも部分的に携わる機会があり、6球団合同でのミーティングなどにも少なからず出席していた。これらの機会を通じて、すでにPLMの魅力と可能性を感じていた根岸だったが、その背景にはやはり、MLBのリーグビジネスの存在があった。

そもそもPLM自体がMLBをベンチマークとして創設された経緯は前述のとおりだが、根岸の場合、球団で働く個人としてもMLBのビジネスを注視し続けていた。実際に、自腹を切って何度も渡米しては現地の球場に足を運び、本場の野球ビジネスをつぶさに観察・分析していた。

初めて訪れたMLBの現場は、リーグビジネスという観点でも、球団ビジネスという観点でも、参考になることばかりだった。

たとえば、当時、まだまだ野球を「観る」ことを絶対軸として設計されていた日本の野球場ビジネスと違い、むしろ野球を「観ない」ことを前提としたさまざまな仕掛けや工夫が凝らされていたことは、おおいに視野を拡げてくれた。

野球のグラウンドのほうを向いてすらいない座席で、ビールを飲みながら楽しそうに友人同士で語らう観客の姿を見て、日本では居酒屋などが担っているようなコミュニティ形成の場を野球場が担っていることにも気づかされた。

身銭を切りながら続けたこの自己投資が、根岸の球団職員としての深い見識、そして何より日本におけるＰＬＭの可能性に対する先見の明を確かなものにしたのだった。

のちにＰＬＭの社長に就任した根岸は、新型コロナウイルスの流行で移動が困難になるまで、社員を積極的にアメリカ出張に赴かせた。

とにかく、本場のスポーツを肌で感じて純粋に楽しむことで、もっとも多くのことを学べるという考えからだった。

こうして新たに加わった根岸を中心に、ＰＬＭは次々と新たな仕掛けを実施していく。親子での球場観戦客増加のための6球団合同企画「パ・リーグ 親子ヒーロープロジェクト」をはじめ、さまざまな施策を打ち出しては実行し、少しずつ独自の実績やビジネスノウハウを積み重ねていった。

パ・リーグTVの成長と黒船の登場

２０１２年にサービスを開始した「パ・リーグＴＶ」は、その後、順調に会員数と売り上げを伸ばし、ＰＬＭ設立初年度には１億７０００万円だった会社の年間売上高も、10期目を迎えた２０１６年には17億円に達した。

実に10年で10倍である。オーナー企業の顔ぶれを見れば業種も社風も異なる６球団が、決して簡単には揃わなかった足並みを、それでも可能な限り揃えた結果の、一つの達成である。

「プロ野球24」の時代に始まるＰＬＭの初期メンバーたちによる、６球団の利害や価値観の合間をカバーするような折衝の積み重ねなしには成しえなかった達成であり、設立当初から実践されている粘り強く戦うその姿勢は、根岸をはじめとしたあとの加入メンバーにもしっかりと受け継がれている。

迎えた２０１７年、根岸はついにＰＬＭの代表取締役ＣＥＯに任命される。

もともとＰＬＭの社長職は、株主であるパ・リーグ６球団の各社長が１年ごとに持

第1章

PLMの誕生とジャージ姿の風雲児

ち回りでその任を務めており、創設から7年が経った2014年に初めて、オリックス・バファローズの取締役にして球団本部長だった故・村山良雄氏が、輪番制を前提としない社長として就任した。

この村山氏の時代に、外部メディアへの映像提供や海外への放映権販売など、PLM独自の商品設計や販路開拓が活発化する。

豪放磊落《らいらく》な性格の同氏は、すでに還暦を過ぎていながら、息子ほど年の離れた根岸にファッション面でも対抗するなど、茶目っ気のある人物だった。

「やったらええやん」

が口癖で、根岸たち社員が提案するどんな施策も前向きな態度で受けとめた。

「プロ野球界は変わらなあかん」ともよく話していた。その後のPLMの歩みを見ると、この村山社長がもたらしたものの大きさがよくわかる。

そのあとを継ぐかたちで就任した根岸は、PLMにおける初の専任社長となった。

この就任の1年前には、国内ビジネススクールのMBAプログラムを修了し、経営者になるうえでの知的準備も済ませていた。

社長に就任した根岸は、持ち前の分析力と構想力を活かし、期限を三つに分けて会社としての目標・アプローチを設定した。

①中長期的（5－10年後）には、12球団が一枚岩でリーグビジネスを展開し、それにともないPLMが発展的解消を遂げられるように、まずはPLMが圧倒的な成果を出してリーグビジネスの可能性を示す

②短期的（1－2年）には、株主である6球団に収益貢献で認めてもらう

③目先（半年以内）では、将来の機会と可能性を広げるために、小さくても良いので何らかの成果を出し続け、株主の信頼を得ること。そのためには多少の空振りは辞さず、とにかく多くの打ち手を考えて打席に立ち、バットを振り続ける

現在まで息づくPLMの社風やベクトルが、すでに端的に表現されている。

この明確な方針とともに、根岸はCEOとして最初にして最大級のミッションに挑むことになる。

就任前年の2016年に日本でのサービス提供を開始した、イギリス発のスポーツ

第1章

PLMの誕生とジャージ姿の風雲児

専門インターネット配信サービス、「DAZN」との契約交渉である。

2017年から10年間で総額約2100億円という、前代未聞の大型契約をJリーグと締結したDAZNは、当時の日本のスポーツビジネス界に突如として現れた、まさに黒船的存在だった。

その勢いそのままに、プロ野球の配信権獲得にも名乗りを上げたDAZNとの交渉は、そもそもパ・リーグTVという自社サービスを抱えるPLMにとって、単に高値で取引できれば良しと簡単に割り切れる話でもなかった。

さらに、パ・リーグ6球団のうち2球団のオーナーが、自社でも独自にインターネット配信事業を手がけるIT企業（楽天、ソフトバンク）であったため、状況はより複雑であった。

パ・リーグTVで独占的に配信を行えばPLMとしての収益は伸ばせるが、ニッチなサービスゆえに露出の機会は減ってしまう。

一方で、DAZNのような多種目の配信を行う大型プラットフォームに配信権を販売すれば、パ・リーグTVの会員獲得において競合を増やすことにもなるが、より多くの視聴者にパ・リーグの試合を観てもらう機会を提供できる。

これは球団オーナーであり、同じく試合の配信に手を挙げていたソフトバンクや楽天に配信権を販売する際にも同じことがいえた。

6球団のインターネット配信権を一括管理するPLMにとっては、まさに天下分け目の戦いだった。

針の穴を通すような交渉の過程では、PLM不要論が飛び出した瞬間もあったという。

それでもリーグビジネスの可能性を固く信じ、野球ファンのためにも、いつか12球団がまとまってビジネスを行う未来像を描いていた根岸は、決してあきらめなかった。

ここでPLMが解体されたり、インターネット配信権までテレビ同様に各球団管理になったりしては、日本のプロ野球ビジネスそのものが後退してしまう。

持ち前の胆力を底力に、PLM設立以来のお家芸ともいえる粘り強い交渉を重ね、最終的にDAZN、楽天、ソフトバンクの3社それぞれとの5年契約締結にこぎつけた。社長として2年目、2018年のことだった。

自社の主力事業であるパ・リーグTVの強力な競合を自ら一気に増やすことになったが、そのぶん、パ・リーグの露出の機会は大幅に拡大した。

実際、インターネットによるパ・リーグの試合の観戦者数は、この年を境に2倍に増加している。

「プロ野球の新しいファンを増やす」ことをミッションとして掲げるPLMにとっては、ある意味で理にかなった選択であった。

また、この契約によって売り上げも大幅に増加し、年間売上高は実に50億円に達することになる。

設立から11年目にして、初年度売上高の約30倍の数字である。

スポーツの総合商社を目指して

この飛躍的成長を追い風に、根岸率いるPLMは一段とビジネスを加速させていく。オフィスを日本橋浜町に移転して面積を確保すると、あわせて採用も強化。従業員数も大幅に増やし、主力事業である「パ・リーグTV」を引き続き強化していくかたわら、スポーツ業界特化型の人材紹介サービス「PLMキャリア」を立ち上げるなど、積極的にビジネス領域を拡大させていった。

企業との6球団コラボをはじめとしたスポンサーシップセールスにおいても、企画営業に強いメンバーたちを中心に次々と実績を積み上げていった。

もともとは、名実ともに「プロ野球の会社」として出発した同社だったが、この頃には単に野球を扱うのみにとどまらず、スポーツ領域におけるあらゆる商材を扱い、多様なビジネスを手がけていく方向性が全社的に共有されていた。

現役のNPB選手以外を対象とした選手マネジメント事業もスタートさせ、日本人選手にとどまらず、さまざまな競技の海外アスリートの日本向けスポンサーシップセールスの一端を担う機会も増えていった。

ＰＬＭが目指す「スポーツの総合商社」という未来像が、少しずつ現実化し始めていた。多少の空振りは覚悟のうえ、とにかく各人が自らの頭で考え、打ち手を増やして打席に立つという根岸の事業方針が、社風においても実績面においても具現化されていった結果だった。

ところで、私が根岸と初めて出会ったのは２０１９年2月のことである。

私自身もスポーツビジネスパーソンの端くれとして、ブラジルと日本のサッカー界でいくつかの仕事を手がけていた折、ある人物を通じてＰＬＭの存在を知ることになり、とにかく魅力的で面白い人がいるから会ってみるべしと紹介されたのが、ＣＥＯの根岸友喜だった。

ＮＢＡチームのロゴが入ったナイキのジャージ上下に身を包み、同じくナイキのシューズを履いて現れた根岸（とくに個人的なサプライヤー契約を結んでいるわけではないようだった）と、ＰＬＭ浜町オフィスの会議室で初めて対面したときのことは、今でも鮮明に覚えている。

聞けば埼玉生まれの埼玉育ちとのことだったが、個人的な感覚でいわせてもらえば、ラテンアメリカの荒波に揉まれて育った日系人のような雰囲気をまとった人物というのが、彼に対する私の第一印象だった。

たとえば、「根岸」と「友喜」の間に何かスペイン語の名前がもう一つ付いていたとしても、きっと何の違和感も抱かなかったことと思う（この意見には、メキシコの血を引く私の妻も、日系ブラジル人の友人も深く同意している）。

ちなみに、少なくとも私が、日本で生まれ育った日本人と出会ってこのような印象を抱くことはきわめて稀だ。

だからこそ余計に、この根岸という人物に興味が湧いたし、彼と対面した自分の感覚になぜそうした印象が浮かび上がってきたのかを読み解くことが、この「只者でない」オーラを放つ人物を理解することにもつながる気がした。

こういうわけで、根岸友喜という稀有な人物との思いがけない出会いを契機として、PLMという、それまでまったく知らなかった、日本が誇るスポーツビジネス企業についての探究の旅が始まったのだった。

歴史的視座と死生観

根岸と何度も顔を合わせ、スポーツビジネスから世の中、人生までさまざまなことを語り合うなかで、彼を彼たらしめている個性の本質や、経営者としての彼の視点と姿勢を独特のものにしている要因が、少しずつ垣間見えるようになってきた。

まず、多くの優れた経営者がそうだといわれるように、根岸もまた熱心な読書家だった。

年間100〜150冊を読破する彼は「大人の自由研究」と称し、そのときどきの自らの関心に沿って設定したテーマについて、関連本を一気に集めて読み漁り、熱心に調べ、時に自らの足で歩き回るなどして知識・知見を涵養していた。

たとえば、2019年の彼は『失敗の本質――日本軍の組織論的研究』（中央公論新社）を軸の1冊としながら、複数の書籍を通じて先の大戦中の日本軍の組織としての失敗を詳細に研究し、経営者としての組織づくりに生かすための視座を得ていた。

曰く、成功の方程式は一般化しづらいのに比べて、失敗の方程式には一定の普遍性があるため、「何をすれば、あるいは何をしなければ失敗するのか」を理解しておくことは、組織づくりにおいてきわめて有用とのことだった。

翌2020年には、パ・リーグ加盟球団の埼玉西武ライオンズのオーナー企業、西武グループの創業者一族である堤家の歴史について熱心に研究した。

オーナー企業には必ず創業者の思想や組織力学が宿るため、あえてそれを知らずにいる理由はないとの考えから、とくにパ・リーグ各球団のオーナー関連に関しては、世に出ている本は片っ端から読んでいったという。

結果、やはりどの組織にも何らかのかたちで創業者の思想や組織観が根強く息づいており、各組織を動かす論理や原則を把握するうえで、おおいに解像度が高まったと教えてくれた。

またあるときの根岸は、自身の地元埼玉を中心に細かく地名を研究し、それぞれの地名から過去の地形や風景を立体的に浮かび上がらせる視点を養っていた。

政府が公開しているハザードマップと比較対照しながら、地名と災害の関係を熱心に推理していたが、これには自身や家族の命を守ることへの高い意識、彼が生命としてもっている基本的な危機意識も関係しているようだった。

こうして常に、自身のなかで明確に言語化された意図、狙い、テーマをもちながら、いつでも何かを熱心に研究している根岸だが、たとえば、今ここに挙げた三つのテーマには明確な共通項がある。

すなわち、「歴史的視点を通して現在を視る」というベクトルだ。

あくまで焦点は現在に合わせたうえで、具体化と抽象化を繰り返しながら歴史のなかにヒントを探すこの姿勢は、間違いなくＰＬＭにおける根岸の立ち位置を特別なものにしていた。

この場合の立ち位置とは、あらゆるものに目を向ける際の視点のことだ。

一度、歴史を経由することによって、自己に対しても会社に対しても、あるいは時代や社会を含めた自己を取り巻く環境全般に対しても、より距離を長く取って対象化し、客観視することが可能になる。

この距離の取り方の長さと深さが、根岸の発想力や視点を豊かでリアルなものにしているようだった。

また、もう一つ、根岸を根岸たらしめている根本的な個性として理解できたのは、彼の〝生き死に〟に対する感覚の鋭敏さであった。

実はこれこそが、私が彼に「ラテンアメリカの日系人」の面影を重ねた最大の要因でもあったようだ。

あくまで傾向としてだが、治安の良さと同調圧力の強さに顕著な特徴があり、電車が分単位の正確さで運行される几帳面さをもつ日本社会で育つのと、逆に、社会の隅々までダイナミックな混沌に溢れたラテンアメリカ社会で育つのとでは、根本的な死生観や人生観に少なからぬ違いが生まれてくるのはきわめて自然なことだ。

とくにラテンアメリカでは、文字どおりの意味でも象徴的な意味でも、死というものが日本より遥かに身近に存在する。

生存や安全が脅かされるリスクは日本の比ではないため、己の身の安全を自ら守る意識も当然高いし、人を見る目、見抜く目もまた、日本とは比較にならないほどシビアかつリアルに鍛えられるところがある。

また、労働観も大きく異なる。一般にラテンアメリカでは、圧倒的に仕事より家族が優先される。

極論すれば、家族としての幸せが第一で、仕事はそのあとにくるのが当たり前という価値観である。日本での一般的な状況とはまさに真逆である。

あくまでこうした定義に立って私なりに表現すればだが、根岸という男の人生観やライフスタイルには、どういうわけか、たしかに日本とラテンが絶妙に混ざり合ったような性質があった。とくに死への向き合い方だ。

日本軍の研究や地名とハザードマップの研究にも表れているように、根岸の関心や探究には、常に人の〝生き死に〟に対するアンテナが張られている。

まずは生存、そして人が自由で幸福であることを重んじ、だからこそ自身も仕事より家族、仕事より人生そのもののほうが大切だという価値観をいっさい隠そうとはしない。

PLMで掲げられている社員の行動指針は5カ条あるが、仕事への向き合い方に関する四つの指針のあと、五つ目の指針として「人生を楽しんでいますか?」という問いかけがなされている。

命を大切にし、人生を大切にする。一個の人間、一個の生命としての基本に何よりも敏感で忠実たろうとする、その感度の高さと徹底ぶりにおいて、たしかに根岸の個性は際立っているといえる。

この基本姿勢がもっとも如実に経営面で発揮されたのが、2020年初頭に世界を襲ったコロナ禍への対応だった。

感染拡大の気配を察知するや否や、すぐに全従業員の安否確認を行ったうえ、圧倒的なスピード感で全社レベルでの在宅勤務制に切り替えた。

各従業員の自宅に社用パソコンを送って通信環境も整備し、パ・リーグTVを運営するメディアセンター機能も在宅で維持できる態勢を整えた。

それまで発行していた通勤用の定期券も廃止し、仕組みの面からも在宅勤務を前提とする状況をつくり出していった（結果的に一部経費の削減も同時に実現した）。

まだ多くの企業がリモートワークの導入に二の足を踏んだり手こずったりしていたなか、あっという間にオフィスをほとんど空っぽにしてみせた根岸の決断力と行動力は見事というほかなかった。

日頃から〝生き死に〟の感覚を研ぎ澄ましていたからこその、迅速な決断と行動であったことは疑いようがない。

ちなみに、コロナ禍のピークが過ぎてから現在に至るまで、在宅勤務を基本とする運営体制は継続されている。

「社員が何をしているかわかりません」

このように何より人の命、人生を大切にする根岸だが、経営者としての組織づくりの考え方も、やはりなかなか個性的である。それは、とくに従業員数も増え始めた2019年頃の時点で、彼が口癖のように発していたこの一言に表れている。

「僕は社員のみなさんが何をしているのか、まったく知りません」

根岸と顔を合わせ、ほかの従業員やPLMの各種事業について私が言及した際に、もっとも多く聞かれるのがこうした言葉だった。

「あ、そうですか。僕は会社で何が起こっているかよくわかっていないので、教えていただいてありがとうございます」

「あの、本当に知らないんです。もしそういうことが起こっているんだとしたら、それは純粋に社員のみなさんが素晴らしいですね。僕はよくわかりません」

コロナ禍以降は、

「会社に行かないんで会社のことはよくわかりません」

という決まり文句も新たに加わった。そうそぶきながら手ぶらにジャージ姿で、スマホ2台を持ってフラっと出かけていき、時に帰り道で警察官に呼びとめられてしまうのが、根岸友喜の経営者としてのスタイルのようだった。

ちなみに、このとき、実際にはアメリカ・スタンフォードからの来客と会食しながら、また新たなビジネスの打ち手を探していたという。

若手社員に話を聞いてみると、たしかにオフィスで根岸の姿を見る機会は多くないが、それでもいざ現れると、そのとき出社しているすべてのスタッフに声をかけてまわるのが常だという。

ただし業務について聞かれることはほとんどなく、家族がいる社員には家庭のこと、趣味に熱中している社員には趣味のことなど、一人ひとりの生活が充実しているか、人生を楽しめているかを細やかに気にかけているとのことだった。

そんな根岸だが、2024年3月限りでのCEO退任が、2023年11月1日に発表された。彼が貫いてきた、あのある意味で〝ふざけた〟経営スタイルについて、無粋とは知りながら、今回、本書の執筆を口実に種明かしをしてもらった。

当然だが、そこには彼一流の鋭い思考に基づく経営判断が隠されていた。以下、根岸の言葉をそのまま紹介する。

「私は野球ビジネス、スポーツビジネスって、要するに広い意味ではエンタメビジネスと定義しているんですけど、エンタメって基本的に何が当たるか読めない世界なんですよね。一概にお客さん、ファンといっても、属性や価値観の多様性だけでなく、趣味嗜好の多様性もある。そうなるともう、専門店的になるよりは、ファミレスやデパ地下のように品数を増やして、とにかく打ち手を増やしていくことが大切だと思ったんです。球団と同じようなビジネスができない以上、ニッチを攻める意味でも品数を増やしていく必要がありました。それで、トップダウンですべてヒットにできるなら僕が全部やりますけど、まあ無理ですよね。そういう自信は良い意味で早々に失ったので、僕よりいろんな人にどんどん活躍してもらおうと。僕ももちろんスポーツは好きですが、僕よりもっと野球を、スポーツを愛しているみなさんに打席に立ってもらおうと考えたんです」

至極納得の理由ではあるが、それにしても思いきりが良すぎる。

「それは自分の性分として、へたに聞いてしまうと意見を言いたくなるので、だったら最初から本当に聞いていないほうがいいと考えた結果です。とはいえ、もちろん僕が代表取締役で株主に対する責任もありますから、最終的な責任を取るのはあくまでも自分です」

この一見すると極端ともいえる権限移譲の姿勢は、採用活動においても発揮されており、社長面接まで辿り着いた求職者は、よほどの場合を除いて原則採用するという。社員による面接プロセスを信頼しており、「『雑な社長でちゃんと見ていない』と思われているくらいでちょうどいい」と考えているためだ。

ところで、根岸は社長である自らのことを、「雇われ」と表現することが多い。その自覚があればこそ、むしろ株主の顔色を窺って無難な選択をしたり、社内や事業のこともできるだけ細部まで把握したがったりしたとしても決しておかしくはない。

そもそも球団職員時代に異動を拒否したことも含め、そうしたリスクを彼自身はどう捉えているのか気になった。

「失敗は好きじゃないですが、リスクなしには何も得られませんから。まあ、そもそも僕がひねくれ者っていうのもありますけど。あとは人生って、絶対にトーナメント戦じゃなくてリーグ戦ですよね。そういう意味では『負け方』を知ることも非常に大事だと思っていて、いつかそういうことを学べる学校のようなものをつくりたいと、昔からずっと思っています」

個人の選択だけでなく、組織の長としても挑戦を選び続けることに関してはどうか。

「PLMに関していえば、6球団の子会社的な性質を有しているという前提に立ったとき、取るべき姿勢として2種類の選択肢がありました。一つは『とにかく親の言うことを聞くのが子』という姿勢で、もう一つが『親会社への貢献のためにはむしろユニークでいるべき』という姿勢です。多少変な目で見られても、球団が取れないリスクをPLMが取って、最終的に成果を残せばいいと考えて、少なくとも自分が社長でいる間は後者でいることを選びました」

こうした徹底した攻めの姿勢の甲斐あってか、現在のPLMは、少数ながら見事に個性豊かなメンバーが揃っている。自ら考えて積極的に打席に立つ姿勢も、社風として自然に共有されているようだ。

そういう意味では、まさにかなりの程度、根岸が思い描いたかたちの組織をつくることができたのではないだろうか。そう尋ねてみたところ、答えはすぐに返ってきた。

「あ、知りません。僕、会社のことはよくわからないので」

これ以上、彼に何かを尋ねるのは野暮なようだった。

VISION

プロ野球界、スポーツ界の
発展を通して、
日本の社会全体を
明るく元気にしていくこと。

MISSION

プロ野球の新しいファンを
増やすこと。

行動指針

1. 顧客は誰かを常に考えます。
顧客と常に向き合います。

2. 全ての仕事を自分ごととして
考えます。

3. 毎日チャレンジします。

4. 自分に投資します。

5. 人生を楽しんでいますか？

第2章

きつねダンスブームの火付け役

パ・リーグTVとYouTube

2022年、パ・リーグの現場から、世の中全体を巻き込む一大ムーブメントが誕生した。「きつねダンス」である。

もともとは北海道日本ハムファイターズ（以下、ファイターズ）のチアリーディングチーム「ファイターズガール」によるパフォーマンスだったものが、ファイターズファン、野球ファンを皮切りにじわじわと世の中に浸透していった。

すると、次第にテレビを含む数多くの番組で取り上げられるようになり、最終的に年末の国民的番組である「NHK紅白歌合戦」、さらに、そのあとの「ゆく年くる年」に出演するまでに至った。

プロ野球球団のチアダンスという、ある意味ではローカルともいえるコンテンツが社会現象化する珍しい出来事の背景には、まずは球団の企画力やダンスそのものの魅力があった。そして、時流やタイミングなどさまざまな要素が関係しているが、球団の外にも確信犯的な「仕掛け人」が存在していたことはあまり知られていない。

実はこの仕掛け人こそがPLM、具体的には、その主力事業であるインターネット配信サービス、「パ・リーグTV」だった。

さらにいえば、パ・リーグTVのYouTubeチャンネルこそが、このブームの重要な火付け役になったのだった。

今でこそ「スポーツの総合商社」を目指し、さまざまなスポーツ関連事業を手がけるPLMだが、その事業の中心に位置するのは、やはり、同社の歴史そのものでもあるパ・リーグTVだ。

前述したように、各球団が個別管理を行うテレビ放映権に対して、まだ市場が確立していなかったインターネット配信権を、PLMが6球団分まとめて管理する体制になった流れのなかで、2012年に同サービスは発足した。

地上波での野球中継が年を追うごとに減少を続けていた当時のプロ野球観戦市場において、決定的に重要かつ革新的な試みだった。

サービス開始6年後の2018年からはDAZN、楽天、ソフトバンクといった、球団オーナー企業を含む他社サービスへの配信権販売も開始したが、そのなかでもパ・リーグTV自体の改善を重ね、着実に会員数を増やして成長し続けたことは、現在のＰＬＭを支える重要なアイデンティティの一つとなっている。

サービス内容が野球配信に特化していることで、複数の競技の試合を配信するほかのプラットフォームに比べると、コンテンツの多様性は限られる。

しかし、逆に野球に的を絞っているからこそ、ファンにとってはたまらない機能も多数実装されている。

たとえば、試合経過や打席結果から1打席ごと、1球ごとにリプレイ視聴できる「1打席1球ＶＯＤ」は、まさに、野球の競技特性を最大限に生かした見直し機能だ。同一画面で3球場の3試合を同時に視聴できる機能や、2軍戦の試合映像の配信も、パ・リーグそのもの、あるいはプロ野球そのものを愛するファンにとって粋な計らいだといえるだろう。

ほかにも、結果を知らずに試合を観たいユーザーのための「スコアＯＮ／ＯＦＦ」機能など、かゆいところに手が届くホスピタリティが、具体的な機能として数多く実装されている。

年を追うごとに進化を続けてきたパ・リーグＴＶだが、2019年頃からはサービス本体での試合映像配信にとどまらず、Ｘ（旧Ｔｗｉｔｔｅｒ）やＹｏｕＴｕｂｅによる切り取り映像中心の発信が若いファンを中心に好評を博し、さまざまな話題を呼んでいる。

試合時間が長く、終了時間も読めない野球の特性をネックに感じていた若い世代に対して、絶妙な視点でハイライトされた短めの動画が、野球を気軽に楽しむための一つの最適解となったのだ。

とくに、コロナ禍によって球場観戦が不可能になった2020年には、大幅に視聴者数を伸ばしたパ・リーグTV本体とともに、YouTubeチャンネルが飛躍的に成長し、登録者数は2020年9月に50万人を突破した。実に前年比約2倍である。動画再生回数も前年の3億6000万回に比べて約8億回と、こちらは2倍以上の結果になった。

国内の年間動画再生回数ランキングはYouTube全体で15位、四半期ごとの統計では4~6月の総再生回数において国内3位という快挙を達成した。いずれも、スポーツ系チャンネルに限れば堂々の1位である。

この勢いはその後も持続し、2022年6月にはついに登録者数が100万人を超えた。

１００万人登録を達成したチャンネルだけにＹｏｕＴｕｂｅから贈呈される金の盾が、10万人登録達成時に贈られた銀の盾とともに、ＰＬＭオフィスの一角で誇らしげに光っている。

ちなみに、その隣には6球団のキャップと並んで、「きつねダンス」の耳と帽子も飾られている。

この急成長を遂げたＹｏｕＴｕｂｅチャンネルにおいてプロデューサーの役割を担っているのが、今ではＰＬＭの最古参社員の一人となった辻彰徳だ。

関西出身で、人を楽しませる仕事に憧れてテレビマンを目指し各局を受けるも、ことごとく内定を得られなかった元高校球児が、今ではほかならぬパ・リーグＴＶとそのＹｏｕＴｕｂｅチャンネル運営で陣頭指揮を執り、１００万人を超える人々を楽しませているのだから、実に夢のある話である。

・数字で見るパ・リーグTV公式YouTubeチャンネルの実績

		2019年	2020年	2021年	2022年	2023年
合算	再生回数	363,409,813	796,337,525	748,063,407	764,041,668	592,094,698
現チャンネル	再生回数	253,068,052	586,212,669	600,688,592	654,359,153	500,174,509
	登録者数推移	278,951	601,530	836,274	1,100,642	1,265,911

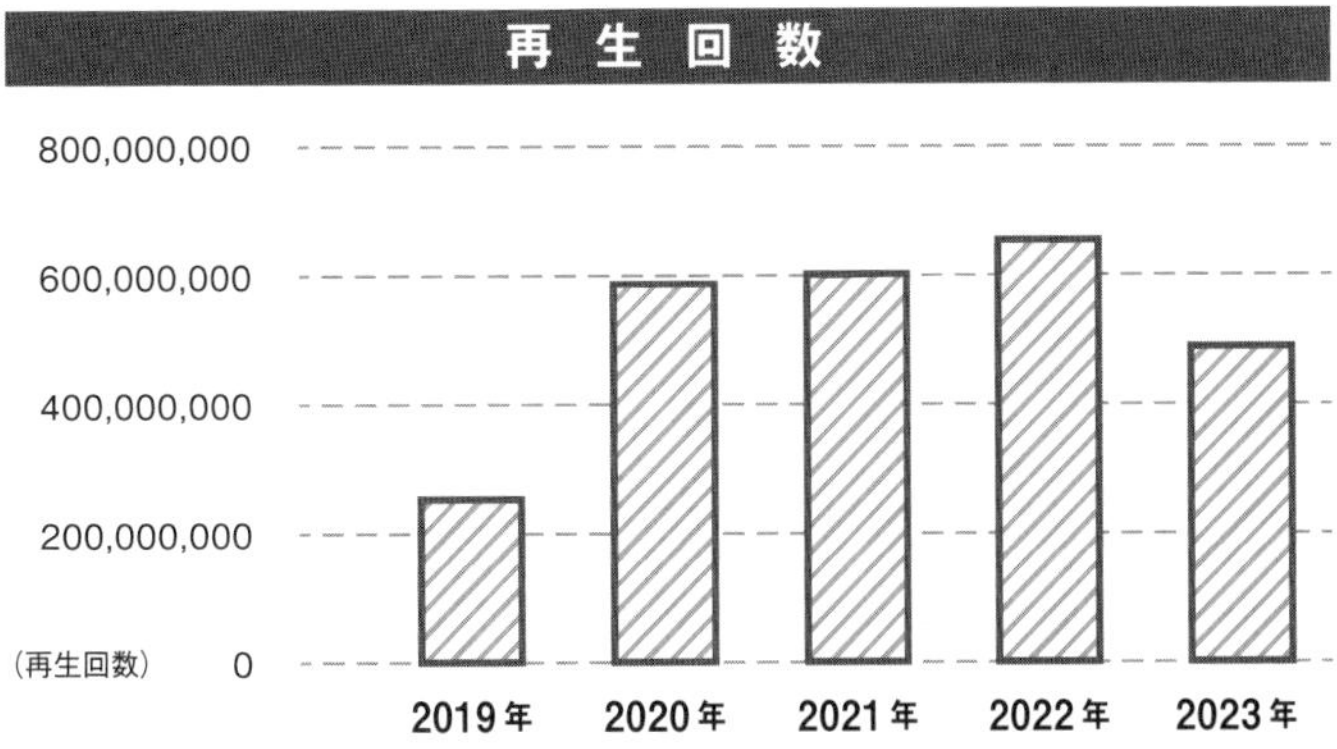

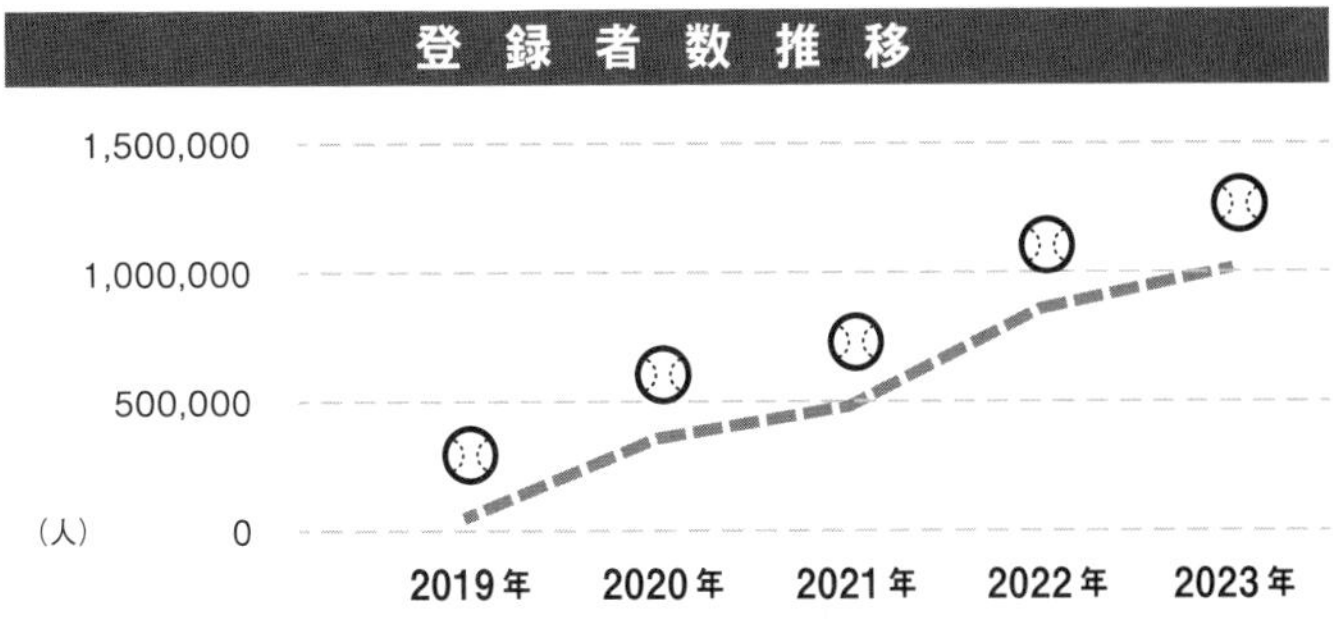

キャッチャーに憧れた少年

辻がＰＬＭに加わったのは２０１６年1月、社会人３年目の25歳だった。社員番号は6番。まだ10人にも満たない小さな組織だった。

新卒入社した国内大手企業では2年半、おもに営業マンとして働いた。目指していたテレビの世界にまったく縁がなかった現実にしばし打ちひしがれ、やがて立ち直ったあと、野球で鍛えた肩幅のある体格ゆえにスーツだけは似合うと自負していたので、何でもいいからスーツを着て働こうと思い立ち、軽い気持ちで採用試験を受けた。

テレビ局を受けたときとは違って、まともに事前準備も行わず、採用担当社員たちによるリレーブログだけを興味のまま熱心に読んで臨んだ面接で、自身の面接担当者が書いていたブログ記事についていろいろ質問していたら、意外にも面白がられてそのまま採用されたという。

迎えた内定式でもそうした姿勢は変わらず、数百人いる内定者のなかでたった一人、その場にいた社長にカジュアルに話しかけにいった。「社長って忙しいんですか？」「日々どんなことをされてるんですか？」と、自分が知りたかったことを素直にそのまま質問した（ちなみに忙しいらしかった）。

「結局、その会社に入るってことはその社長のもとで働くってことなので、どんな人か知るためにもまず一度話してみたかった」

という、実のところ、きわめて真っ当な理由による行動だったが、入社早々、ほかの社員たちからは「ヤバい奴」扱いされることになった。

人材サービス業を中心とする会社で新規事業の部署に配属された辻は、営業担当になった地域に「血気盛んな叩き上げの社長さんが多かった」こともあり、さまざまな〝手強《てごわ》い〟人々に遭遇し、揉まれ、鍛えられることになる。

そうした現場で彼をおおいに助けてくれたのが、かつてキャッチャーとして過ごした野球部での経験だった。

幼い頃に観たテレビでの野球中継で、一人だけ「かっこいい防具」をつけ、常にカメラの正面を向いている選手の存在が辻少年の目を引いた。

その姿に憧れ、ピッチャーでも4番打者でもなく、キャッチャーこそが花形だと信じて疑わず、家族に頼んで初めて買ってもらったのも通常のグローブではなく、キャッチャーミットだった。

初めて参加した野球教室で希望のポジションを聞かれたときも、迷わずキャッチャーを希望した。ちなみに、辻以外は全員ピッチャーを希望したという。

そこから高校時代に至るまで、キャッチャー一筋の野球人生を送ることになる。足が遅く、肩も強くなかったので、そうしたマイナスを補うため、とにかく考える習慣をつけた。

そんな辻が高校時代、もっとも面白さとやりがいを見出したのが、日々、相対するピッチャー陣とのコミュニケーションだった。

野球には九つの守備位置があるが、そのなかでもひときわ我の強い面々が集まるのがピッチャーというポジションだ。

そうした個性的で一癖も二癖もある連中を、一種の猛獣使いのように懐柔していく感覚がたまらなかった。試合に入る前の声の掛け方一つ取っても、選手によって対応を使い分けた。

いかにエースピッチャーに気持ちよく仕事をさせるか、その答えと方法を自分なりに追究するのが楽しかった。

高校3年間を通じてキャッチャーの一番手にはなれなかったが、ピッチャー陣からは受け手として重宝され、最終的に部内のバッテリー陣のまとめ役に任命された。

結果的に、この経験が面白いほど営業の仕事に生きた。野球をしていた当時には想像もしていなかったが、俗にいう「スポーツを通じた人格形成」の確かな効果と価値を、図らずも実感することになったのだった。

こうして〝猛獣使い〟としての経験を積んだ辻だったが、働き始めて2年半が経ったあるとき、上司の個人的な人間関係トラブルの処理を、「業務」と称して押しつけられそうになった瞬間、反射的に会社を辞めることを宣言し、実際すぐに退職した。

本物の猛獣に遭遇した途端、迷わず逃げたところが立派である。

一般に、日本社会での就職・転職市場は履歴書に空白期間が生じることを嫌う傾向があるが、このときの辻は、まず辞めた。

せっかくなので暇を謳歌しようとしたが、1週間と経たずに飽きてしまったので、また働くことにした。

営業マンだった経験を生かして、また何かを売る仕事をしようと思ったが、さて、何を売るべきか。

どうせなら、自分の興味のあるものがいい。そこで浮かんだ答えが〝スポーツ〟だった。

「スポーツ　転職」の2単語でグーグル検索を行い、それで見つけたスポーツ業界専門の転職エージェントを訪ねたところ、その席で5枚の求人票を渡された。

五つ全部にエントリーすることも当然、可能だったが、そのなかから本当に興味のあった1枚だけを選び、難しいだろうとは思いながらも受けてみることにした。25歳、無職で迎えた冬の挑戦だった。

この会社、大丈夫か⁉

面接当日、訪ねたＰＬＭのオフィスは想像していたよりも随分と小さく、見覚えのある公式グッズが置かれていなかったら、「プロ野球の会社」とは信じられなかった。ちなみに、このときの２次面接を担当したのが、当時は執行役員マーケティング室室長だった根岸友喜だった。なんだか変わった人だけれど裏表はなさそうだな、というのが、辻が抱いた第一印象だったという。

面接用に用意された仮の商材で営業のロールプレイングなどを行ったあと、１次面接では突っ込まれなかった「前の会社を辞めた理由」について尋ねられた。

適当にお茶を濁しても見透かされそうな雰囲気を感じたこともあって、上司との一件で反射的に辞めたことなどを洗いざらい正直に告白した。

話を聞いた根岸は眉をひそめるでもなく、顔色を曇らせるでもなく、逆にひとしきり楽しそうに爆笑したあとで、「それは辞めてよかったね」と声をかけてきたという。

そして迎えた最終面接は、村山社長（当時）が辻の履歴書を読み上げながら順番に述べるコメントに相槌を打っていたら終わったという。

内定の連絡を受け取ったときは、なぜ、そしてどこを評価されて採用されたのか、本当にわからなかった。

こうしてPLMの一員となった辻は入社直後、根岸から書類を一式、ポンと渡された。なかを読むと、当時PLMが独自に設計した、パ・リーグTV公式サイトのバナー広告枠の商材だった。

開発から日が浅かったこともあり、実際に売ってきた人間はまだ一人もいないことを伝えられ、「これを売ることができれば君はパイオニアだ」と宣言された。

前職で営業戦士として鍛えられた経験を生かし、10日で売ってきた。

受注決定後、契約書のひな型をもらいたいと根岸に連絡したところ、「ない」と言われた。「この会社、大丈夫か？」と思わず不安がよぎったが、何とか自分で契約書をつくった。

新規事業開発においてまだ黎明期だった、当時のPLMの様子を物語る一件である。

こうして辻は約2年、独特な上司・根岸のもとで徹底的に鍛えられる日々を送った。

PLMが6球団とともに開発した歩数計アプリ、「パ・リーグウォーク」のダウンロードイベントにおけるユーザー獲得業務では、千葉ロッテマリーンズの本拠地ZOZOマリンスタジアムの前で、40日間ひたすら来場者のみなさんに声をかけ続けたこともある。

「あの頃は本当に、『若さ』というか『わかってなさ』を武器に突っ走って、あとはとりあえず話を取ってきては、根岸さんに『はい、よろしく』みたいな感じでしたね。毎日、ホウレンソウしながらガッツリいろいろ一緒にやらせてもらったんで、今思えば贅沢な時間だったと思います」

野球視聴の景色を変える

そんな若き営業戦士として駆け回っていた辻が、現在はメディア領域で、おもに「パ・リーグTV」のYouTubeチャンネルを引っ張るプロデューサーとして活躍している。

とくに近年のパ・リーグTVは、単なる試合配信プラットフォームの枠を超え、YouTubeやSNSにおける独自の視点や切り取り方、見せ方の妙によって、ほかのどのメディアとも異なるユニークな存在として広く野球ファンに認知されるようになってきている。

たとえば、パ・リーグTVのYouTubeチャンネルには、「まとめるほどではないまとめ」と呼ばれるプレイリストが存在する。

これは文字どおり、わざわざニュースやハイライトとして取り上げるようなものではないが、しかし、ちょっと気になって心に残りそうな、思わずクスっと笑ってしまいそうな、そんなシーンだけを集めて編集した動画シリーズだ。

「まとめるほどではない」だけあって、これらの動画が大きく再生回数を伸ばすことは実のところ、滅多にない。

しかし、動画の視聴データを細かく分析してみると、若年層を中心とした新規ファンや女性ファンの割合が高いことがわかった。そこで、再生回数は頭打ちでも、新規ファンがパ・リーグ、そしてプロ野球に興味をもつための入り口として、引き続き更新を行っている。

ほかにも、「勝っても負けても、今日のナイスプレー」と名付けた、好プレーを集めたシリーズがある。

毎日3試合が行われ、引き分けに終わる場合を除けば3チームが勝ち、3チームは負ける。つまり、贔屓《ひいき》の球団をもつファンのうち半分は、悔しい思いでその日を終えることになる。

しかし、そこは野球ファンだ。その夜は枕を濡らして眠っても、翌日昼頃には徐々に気持ちを切り替え、その日の先発情報などをチェックし始める。

パ・リーグTVではまさにこのタイミングを狙って、前日の負けチームの好プレー集を公開するという。

このように、各動画の本数やタイミングを緻密に計算しながら、ファンの動きを予測して最適な動画を投稿していく。

一般に、ＹｏｕＴｕｂｅにおいては視聴時間の総数が多ければ多いほど良しとされるが、パ・リーグＴＶは野球のハイライトという特性上、１本１本の動画の尺はむしろ短い。

よって大事なのは総再生時間よりも、むしろ、視聴者ごとの訪問頻度だ。何時間というよりも、何回観てもらえるかが重要なのである。試行錯誤を重ねながらノウハウを蓄積し、テクニックで伸ばせるところを伸ばしていくのが辻の役割だ。

なかでも、何らかの理由で球団公式アカウントや報道メディアは取り上げないが、パ・リーグＴＶなら取り上げてもＯＫになるような動画こそ、ＰＬＭのＹｏｕＴｕｂｅチームが追求しているいちばんのニッチだ。

たとえば、微妙な判定によりゲームの流れが変わったと目されているシーンであったり、あるいは選手のちょっとした気になるプレーや仕草をユーモラスに取り上げる動画などがそれにあたる（とはいえ、何よりも選手と球団への敬意を第一とすることは、絶対の掟としてチーム内で共有されている）。

本来であれば、さまざまな関係性や忖度《そんたく》の網に引っかかってしまいそうな領域に対して、パ・リーグTVなら踏み込んでもアリと見なされるような、そうした雰囲気がファンを中心に着実に醸成されてきている。

パ・リーグは公式ではあるが、球団そのものではないという絶妙な立ち位置を強みとして確立しつつあるのだ。辻はこう話す。

「おかげさまで、数年前なら球団への相談が必要になっていたであろうタイプの動画に関しても、最近は、パ・リーグTVのスタイルとして受け入れられるようになってきました。でも、それももともと、どこにもご迷惑にならないよう全方位に気を使いながら、この業務に携わってきた人々がみなで少しずつ忖度と気遣いのレンガを積んできた結果です。そのレンガの土台の上で、ようやく多少の遊びや自由さが許されるようになってきたんだと思います」

とにかく考えながら品数を増やす、積極的に打席に立ってバットを振るというPLMの行動理念が、この動画配信の場においても存分に発揮されているといえよう。

時間をかけて絶妙なニッチを攻める動画を投稿し続けた結果、いつしかファンの間で「パテレ行き」なる言葉が生まれ、SNSを中心に使用されるようになった。

「パテレ」とは「パ・リーグTV」の略称で、実はこれ自体、公式ではなくファンの側から生み出された愛称である。試合中に生まれるちょっとした印象的なシーンに対し、「今のはパ・リーグTVが取り上げそうだ」という意味で、ファンや視聴者が「パテレ行き」と表現するようになったのだった。

この流れを受けた辻たちは2022年、YouTubeチャンネルの登録者数が100万人を突破したのを記念して、遊び心とともに「パテレ行き」のフレーズがあしらわれた限定タオルを制作。試合の観戦チケットとセットで、限定150組に抽選で当たる応募者プレゼントを企画した。

これに予想を超える約1万人の応募が殺到し、社内ですぐに商品化の指令が下った。大急ぎで新たに1000枚を制作した。販売開始のリリースは平日の正午だったにもかかわらず、わずか1時間で完売となった。

まさに理想的なファンとのコラボレーションである。日々、動画に寄せられるコメントやSNS上でのリアクションなども丁寧に確認しながら、常にファン目線でチャンネルを育ててきたことの成果だった。

またファンだけでなく、現役選手からの熱い視線を感じる機会も年々増えてきている。たとえば、ある年のある試合で、少なくない回数と球数を投げきるも失点が重なったピッチャーに対し、パ・リーグＴＶ側としては気を使って動画に取り上げなかったことがあった。

ところが、そのあと選手自身からＤＭ（ダイレクトメッセージ）が届き、自身としては手応えを感じた試合だった旨とともに、動画にしてほしかったとの要望が寄せられたという。

一方で、持ち前の豊かな表情やプレー中に見せる独特の仕草によって動画で繰り返し取り上げられ、ファンだけでなく自身もそれを好意的に受け入れた結果、２０２３年３月、ついに現役選手として初めて、パ・リーグＴＶ公式アンバサダーに就任した選手もいる。

埼玉西武ライオンズの外崎《とのさき》修汰内野手である。この流れのなかでペナントレース終了後、辻の企画で外崎に密着した動画を制作し、その一環で現役選手を初めてＰＬＭのオフィスに迎えることとなった。

パ・リーグＴＶの制作現場を選手が訪問し、スタッフたちと自然体で交流する様子には、外崎自身の紳士的で礼儀正しい姿もあいまって、なかなか心温められるものがある（辻自身も動画のなかで案内役を務めている）。

こうした現役選手を特集する動画も、プロ野球コンテンツの新境地の一つとして、辻が開拓しようとしている新たな打ち手だ。

試合を扱う動画の評価と視聴回数が安定してきたからこそ、今度は試合以外のところでいかに魅力的な動画を出していけるかの勝負に挑んでいるというわけだ。

もともと辻自身、野球選手に関する情報が競技面・プレー面に集中しており、その人間性まではなかなか見えてこない状況が気になっていた。

たとえば、Ｗｉｋｉｐｅｄｉａで選手個人の記事を開いても、人物像を具体的に伝える情報まで載っていることは少ない。これを一つのニッチと捉えた結果、選手の内面や人間性を掘り下げる動画の制作を実行に移したのだった。

「僕自身も真剣に野球をやっていたからこそ実感できますが、そもそもプロの世界に入れるだけでも信じられないくらいすごいことなんです。そんな想像を絶する〝化け物〟だらけの世界で10年も活躍できるような選手には、絶対に野球ができる以上の何かがあるはずだとずっと思っていました。実際に今回、外崎選手の話を詳しく伺ってみて、僕自身も彼の言葉からたくさんの刺激や学びを得られました」

きつねダンスブームの舞台裏

ＰＬＭの理念とベクトルを体現しながら進化と成長を続けているパ・リーグＴＶだが、２０２２年には、ついに野球の枠すらも大きく超えた社会現象の誕生に深く関わることになった。本章の冒頭でも述べた「きつねダンス」である。

事の発端は同年4月、福岡ソフトバンクホークスの選手が札幌ドームでの試合中、きつねダンスを真似して踊っていた様子を動画で切り取って投稿したことだった。

このタイミングできつねダンスの可能性に個人的に注目し、さらに数本の動画を追加したのが、パ・リーグＴＶの制作チームでシニアディレクターを務める中村達広だった。

テレビ制作畑出身の中村が、パ・リーグＴＶの仕事に初めて携わったのは２０１４年だった。もともと野球には明るくなかったが、今ではおそらく、日本一細かくパ・リーグの全試合を注視している人物の一人と断言して差し支えないだろう。

その日開催される3試合すべてを同時に視聴し、印象的なシーンが現れたら即座に切り取って編集し、ＹｏｕＴｕｂｅに投稿する動画として仕上げていく。

１２０万人を超える登録者数を抱えるまでになった巨大ＹｏｕＴｕｂｅチャンネルの、まさに目であり、頭脳であり、心臓である。

その「もっともパ・リーグを観ている人物」である中村が、ある日、辻に声をかけてきた。

「辻さん、きつねダンス知ってますか？　これ絶対に流行りますよ」

もちろん、知ってはいたが、そう言われてあらためて動画を再生し、確認した。正直、「絶対に流行る」のかどうかはピンとこなかった。それでも中村は譲らない。

「目の前に絶好球、打てばホームランという球に対して振らないのかっていう、それくらいの話ですよ」

滅多なことでは断言などしない中村の性格をよく知っていただけに、その表情と口調から、自分自身の感覚より、クリエイター・ディレクターとしての中村の直感に懸けることにした。

「わかりました、中村さんを信じます。これはめちゃくちゃ流行りますって書いた資料をつくって、ファイターズに持っていきます」

こうと決めれば積極的に打席に立つのがＰＬＭスタイルだ。善は急げとばかりに資料を作成し、フルスイングの勢いでファイターズ側に話を持っていったところ、返ってきた反応は「カキーン」でなく「ポカーン」だった。辻の感触では、「『パテレさんは注目してくれてありがたいなー』くらいの反応」だったという。

それでも中村を信じて動くと覚悟を決め、「ピコ太郎の『ＰＰＡＰ』（ペンパイナッポーアッポーペン）と同じくらい流行る」と資料のなかでも豪語していた辻は引き下がらなかった。

メディアでも取り上げてもらうべし、インフルエンサーにも持っていくべし、代理店のように積極的に動くべし、と熱く訴えたところ、やがて球団側も「ポカーンから半信半疑くらいまで」になり、そこからは徐々に前向きになってくれた。

その結果は、多くの方がすでにご存じだろう。現役アイドルをはじめとする著名人たちとのコラボが多数生まれ、多くの人気テレビ番組で取り上げられ、そのうちのいくつかにはファイターズガールも出張出演を果たした。

極めつけが、冒頭に述べた年末の〝紅白出場〟だ。ＰＬＭが誇る名ディレクター中

2022年新語・流行語大賞でも「きつねダンス」はトップ10入りした

村の面目躍如である。

実は6月頃、きつねダンスに対して、パ・リーグTVのチャンネルの〝贔屓〟がすぎる、といった旨のコメントが他球団ファンから届くようになり、そのときは少しだけ手を緩めたが、それでも基本方針は変えなかった。

過去に全方位への気遣いを徹底させながら少しずつ攻め手を増やしてきた経験から、そのあたりの舵取りやバランス感覚にも自信がついてきていた。

きつねダンスの流行がピークに達していた秋には、原曲「The F

ｏｘ」を歌うノルウェーの兄弟コメディアン「イルヴィス」が来日し、札幌ドーム出演を果たした。

もちろん、その様子もパ・リーグＴＶの動画として公開されている。この９月の来日も、辻の熱意を受けた球団が４月の時点で打診し、決定されていたものだった。辻の当時の見込みでは夏頃までの来日実現が理想だったが、結果的に流行のピークに重なったことで期待以上の盛り上がりとなった。

コアサービスからインフルエンサーへ

あらためて、このきつねダンスプロジェクトは、パ・リーグＴＶにとって非常に大きな意味をもつ成功体験となった。

コンテンツを届けられる人数が圧倒的に拡大したことで、野球ファン向けのコアサービスだった存在から、世の中全体に波を起こせる「インフルエンサー」としての立ち位置にレベルアップする契機となったのだ。

球団からの見られ方も、より変わった。以前は、各球団のファンがそのままパ・リーグＴＶを視聴しているという見方をされるのが常だったが、パ・リーグＴＶ自体が独自の価値とファンをもったメディアであり、インフルエンサーたりうることがついに認められた手応えが出てきた。

ところで、辻が「大変おこがましい話なんですが」と恥ずかしそうに話してくれたことだが、ＹｏｕＴｕｂｅチームの統括を任命された２０２０年、ディレクターの中村と何度か議論を重ねた結果、一つの取り決めを交わしたという。

それは、アニメ映画界で世界的ヒット作を次々に生み出したスタジオジブリの名コンビ、宮崎駿監督と鈴木敏夫プロデューサーに自分たちの関係をなぞらえ、お互いの仕事を尊重したプロフェッショナルな関係を築くというものだった。

面白いことに、結局この現在のプロデューサー業もまた、かつてキャッチャーとして、エースを気持ちよく投げさせることに充実感を見出した辻彰徳の真骨頂となっている。

実際、パ・リーグTVのエースピッチャーである中村をいかに輝かせるか、それが辻にとってのプロデューサー業の本質だと本人も語っている。

かつてみんながピッチャーを見つめるなかで、一人キャッチャーに憧れ、テレビマンを目指すも叶わなかった元高校球児が、自らの心に従いながら懸命に歩んだ道の先で、この国のプロ野球視聴の景色を変えたパ・リーグTVの名捕手として活躍している。やはり、夢のある話である。

第3章

夢を叶えた 熱血タイガース少女

スポーツビジネスパーソンを人気稼業に

ＰＬＭが目指す姿の一つに、「スポーツの総合商社」というものがある。

もとはプロ野球のリーグビジネスを担う会社として発足し、ある意味それだけでも十分に野心的な存在といえる同社だったが、その目指す未来は野球界にとどまらず、スポーツ界全体を見据えている。

そんな組織が掲げる個性的な目標の一つに、「２０２８年の小学生が将来なりたい職業ランキング第９位に『スポーツビジネスパーソン』がランクインする」というものがある。スポーツビジネスという職種そのものの認知拡大を目指す同社のベクトルをユーモラスに表現した目標といえるが、このビジョンは、２０１８年に発足した新規事業とセットになっている。

それが、スポーツ業界専門の人材紹介サービス、ＰＬＭキャリアである。

スポーツがもつさまざまな価値を持続的に提供することで、日本の社会を明るく元気にするというのが、ＰＬＭが企業として掲げるビジョンである。

この「価値の提供」という言葉には、既存価値の持続・発展的提供から新たな価値の創出・提供までが含まれるが、いずれにしても、その継続的な実現のためには、それを可能にする人材こそが重要だとPLMは考えた。

そのために求められるアプローチは、端的にいって二つある。

1　優秀な人材をスポーツ業界外から業界内へ採用する
2　優秀な人材をスポーツ業界内で流動化させる

「優秀な人材」とは、「採用側が求職者へ求める成果に対して同等以上のパフォーマンスを残せる人」であり、球団・リーグといったコンテンツホルダーに限らず、スポーツに関わるすべての産業を総称して「スポーツ業界」と、それぞれ明確に定義した。コミュニケーションにおいて徹底して定義にこだわるCEO根岸の考えが、ここにも反映されている。

かつては終身雇用が当たり前だった日本社会も大きく変わり、ますます雇用の流動化が進み、結果、人材紹介サービスは時を追うごとにその存在感を強めている。

転職サービスのテレビＣＭを見ない日はないし、東京都内で電車に乗れば、必ず人材関係の広告が目に飛び込んでくる。その流れのなかで、近年はスポーツ分野を専門に扱うサービスも少しずつその数を増やしている。

そうしたなかでスタートしたＰＬＭキャリアだったが、人材サービス群雄割拠の時代にあっても、同事業は異色の存在といえる。

一般に、人材紹介サービスを運営するのは人材事業のプロたちだが、ＰＬＭキャリアはまずこの部分が大きく異なる。人材事業のプロがスポーツ業界を扱っているのではなく、スポーツの最前線で働く現役ビジネスパーソン自らが人材事業を運営しているのだ。

つまり、そもそものベクトルから真逆なのである。

キャリアアドバイザーとして求職者との面談を担当するのは、実際に現在進行形でスポーツビジネスの現場に携わる人間ばかりなので、やはり、そこには説得力の違いが生まれる。

自分自身の経験はもちろん、業界内の様子もリアルに知っている立場からコメントができるため、アドバイス内容の信頼性も含め、求職者にとってのメリットは大きい。

とくに違いを生み出せるのは、球団からの求人を扱う際のサポートだ。同じプロ野球界の立場で球団と求職者をつなぐＰＬＭキャリアの役割に対しては、実績がともなっていることもあり、求職者のみならず球団からの評価も高い。

また、こうした日々のエージェント業務にとどまらず、毎年スポーツ分野に絞った転職フェアを開催し、コロナ禍以降はオンラインで実施している。

参加企業は野球関係に限らない。バスケットボールをはじめとした他競技の球団のほか、スポーツメーカーなど多様な企業が顔を揃えている。

２０２３年の同イベントには、新たにラグビー界からも主要３団体が参加した。

そんな独自の人材事業の中心として現在のＰＬＭキャリアを引っ張るのが、オリックス・バファローズ（以下、バファローズ）の球団職員を経て、２０２１年にＰＬＭに加入した藤井頼子だ。

かつて甲子園球場の外野席で阪神タイガース（以下、タイガース）を応援して育った熱血野球少女が、大人になってプロ野球球団の職員となり、現在は野球界を中心に新たなスポーツビジネスパーソンの誕生を支援する人生を送っている。

人生を変えた甲子園ライトスタンド

真面目さと一途さを武器に実直に努力を重ね、夢だったスポーツの仕事に就いた藤井のキャリアは、まさに、PLMキャリアの目指す世界観を体現したかのようなストーリーに満ちている。

大学卒業後、一度スポーツ業界の外で職務経験を積んだあと、満を持してスポーツ業界に転職。その後、同じスポーツの世界で二度の転職を行い、自ら「天職」と語る現在の仕事に辿り着いた。

そんな藤井の半生における大きな転機となったのは、いずれも彼女の人生に突然訪れた二つの別れだった。

藤井が父親を亡くしたのは1993年、小学校に入学したばかりの1年生の秋だ。弟は4歳だった。仕事の作業中に起こった不慮の事故により、2週間の入院を経てそのまま帰らぬ人となってしまった。

英語教員として忙しく働いていた母親が、一人で仕事と二人の育児を両立するのは難しいだろうと、大阪にいた姉夫婦が奈良の近所に引っ越してきた。

血のつながらない母方叔父が父親代わりの存在として面倒を見てくれ、姉弟そろっていろいろな場所に連れていってもらったという。

当時はまだUSJ（ユニバーサル・スタジオ・ジャパン）こそ存在していなかったものの、和歌山県・南紀白浜のアドベンチャーワールドでイルカやシャチのショーを観たり、関西圏の主要な娯楽施設はひととおり経験させてもらった。

いろいろと連れていってもらったなかの一つが、阪神甲子園球場のタイガース戦だった。

初めて訪れたのは小学5年生のとき、しかも、もっとも熱狂的なファンが集まる、あの外野席ライトスタンドだった。

サヨナラ勝ちという劇的な結果に終わった試合そのものにも魅了されたが、それ以上に心を奪われたのは、周りの人たちの応援する姿や、その応援が生み出す熱気や興奮、一体感をともなった独特の雰囲気だった。

大の大人も含め、さまざまな人たちが必死になって応援歌を歌う姿に、一緒にいた弟と、

「みんな、歌ってる！」

そう言って盛り上がったのを今でも覚えている。

イルカもシャチも可愛くて好きだったが、タイガースがもたらした気持ちの高揚は比べものにならないくらい大きかった。

その後も繰り返し球場に連れていってもらい、ユニフォームやメガホンをはじめとした応援グッズも買ってもらった。一緒に野球観戦を始めた弟は、その後、応援そのものよりもデータにハマり、各選手の細かいプロフィールや成績を事細かに覚える方向に進んでいったが、藤井はあくまで、現地で声を出して応援することに格別の魅力と解放感を覚えていた。

いずれにせよ、姉弟そろって愛用の選手名鑑はボロボロになるまで使い込んだ。ファンクラブにも加入し、子ども会員向けイベントに参加して球場で選手たちとも交流した。初めて間近で見る野球選手たちは自分と同じ人間とは思えないほどに大きく、頼もしく、何よりカッコよかった。

こうしてスポーツ観戦に目覚めた藤井は、年が明けて迎えた長野冬季五輪にも夢中になった。

誰に言われたわけでもなく、五輪の各種目の結果やストーリーを伝える新聞記事を切り抜いてはスクラップブックに貼り付け、自分自身の感想やコメントを書き込むことを日課にしていた。

大会が終わる頃には丸々1冊分にも及んでいた。私も実際にこのスクラップブックを見せてもらったが、スポーツの力に魅了された少女の熱い気持ちとまっすぐさが、手書きの文字からひしひしと伝わってきた。

そんな幼い頃の記憶を、「何だかんだ恵まれた子ども時代だった」と述懐する藤井だが、詳しく聞いてみると、何かにつけて我慢をする場面、何ともいえない気持ちで過ごす場面というのも、日々の生活のなかに少なくなかったという。

「やはり」という言葉を安易に使うことは本意ではないが、それでも、やはり、事実として父親の不在が彼女の人生、生活に及ぼした影響は計り知れず、そのなかにはネガティブなものも少なからず含まれていた。

そもそも父親のいない家庭というのが当時の藤井の周りでは珍しく、そのことを意識せずに生活を送ること自体が難しかった。

それだけでなく、周りの大人や級友たちが自分の境遇に過剰なまでに気を使ってくれることに対して、結果としてなんだか申し訳なく感じてしまう場面も多かった。

あえて異を唱えるのも何か違うし、かといって何も考えずに流せるわけでもない、そんな言葉にならないストレスや違和感、モヤモヤした気持ちが少しずつ内面に蓄積していく感覚が、日常的につきまとっていた。

そんな当時の彼女にとって、球場は周りの視線を気にせず思いきり感情を解放することが許された特別な空間であり、野球を含むスポーツ観戦そのものが、喜怒哀楽の感情を豊かに引き出してくれる特別な時間だった。

こうしてすっかりスポーツ観戦にハマった藤井は、家の近所のグラウンドを拠点に活動していた社会人の女子ソフトボールチームの練習も、学校帰りによく眺めるようになった。

やがて、自分自身もプレーしたくなり、愛読していたタイガースの球団発行誌「月刊タイガース」の質問コーナーに、「中学生でゼロからソフトボールを始めても大丈夫でしょうか」と相談の手紙を送ることにした。

この質問は運良く誌上で採用され、その号の回答担当者だった平田勝男コーチが前向きなコメントで背中を押してくれた。

これに感激した藤井は、絶対にソフトボール部に入ると誓い、中学入学と同時に体験入部するが、もともと運動が得意ではなかったこともあってあえなく挫折。選手への尊敬の気持ちをいっそう深めるとともに、やはり自分は観る側の人間なのだと明確に自認するきっかけになった。

割り切って完全に観戦の世界に戻った藤井は、中学・高校時代も熱心な虎党として順調にキャリアを積み、球場に足を運ぶ回数も所有するグッズの数も、少しずつ着実に増えていった。

持ち前の真面目な性格に支えられて、勉強にも真剣に取り組んだ。第一志望の国立大学には受からなかったものの、関西大学に現役で合格した。

知らぬ間に名物トラ女子ファンに

当時、一世を風靡《ふうび》していた女性向けファッション雑誌の看板モデルに憧れ、服装も髪型も真似て大学に通う程度には影響を受けていた。

それでも野球観戦とタイガース愛を忘れることはなく、試合観戦の日だけは動きやすいジーンズ姿で、ユニフォームや応援グッズが詰まった鞄から黄色と黒のメガホンが突き出たスタイルで、大学構内を闊歩していた。

余談になるが、関西大学社会学部の女子学生は当時、学内で「社ガール」と呼ばれ、キャンパスでとくに華やかな存在として認知されていた。藤井と同じ関西大学社会学部の後輩にあたる辻に確認したところ、

「虎のメガホンを持って歩いている社ガールなんて、一度も見たことない。ありえないです。絶対に浮いていたはずです」

とのことだった。

案の定、その姿は徐々にキャンパスで名物化するわけだが、面白いことに、やがて

周囲の女友達から「私も野球に行ってみたい」という言葉が聞かれるようになった。

理由は、野球そのものへの関心ももちろんだが、「頼ちゃんほんまに楽しそうやし、幸せそうやから、私も行ってみたくなった」というものが多かった。

藤井にしてみれば、新規ファン獲得の願ってもない好機である。

待ってましたとばかりに各々の予定を確認すると、友人グループごとに別々に日程を合わせてチケットの立替購入を行い、試合当日は、その日連れていく友人たちのぶんまで応援グッズを用意して快く貸し出した。

試合中は、応援の仕方に始まって野球のルールから各選手の情報まで丁寧に解説を行い、最後はスポンサー企業の役員を案内する球団職員さながらに、チームの勝利を願っていたという。

図らずも新手のスポーツビジネスを創り出していたことになるが、当然ながら本人はただただ純粋に、すべて趣味としてやっていた活動である。

一方で学業のほうはというと、何とこちらも野球であり、タイガースだった。

関西大学社会学部への入学が決まった段階で教授陣の専攻分野などを調べていた藤井は、大衆文化史と都市社会学をおもな研究分野としていた永井良和教授が、パ・リーグのファン文化も研究対象に含めていることを知った。

長年のホークス愛が高じて野球も研究対象に入れたということだったが、「野球が勉強になるんや！」という衝撃と興奮で居ても立ってもいられなくなり、入学後すぐに同教授のもとを訪ねると、自分も是非とも野球の研究がしたいと熱く訴えた。

快く話を聞いてくれた永井教授はすぐに複数の関連図書を紹介してくれ、大学図書館にこもって熱心にスポーツ社会学を学ぶ生活が始まった。

こうなると何としても永井ゼミに入り、より専門的に学びたくなるのは必然だった。タイガースが勝利したある日の翌日、大学への行きしなに買ったスポーツ新聞を持っていって教授に見せながら、己のタイガース愛と野球愛、そして、何としても永井ゼミで野球を対象に研究活動を行いたい旨を熱く訴えたこともある。

それが奏功したかどうかはさておき、やがて結果的に同ゼミの一員となった藤井は、ゼミのほかにもスポーツに関連した講義を手当たり次第に受講し、最前列で熱心にノートをとった。学生時代の成績はほとんどが「優」であったという。

大学生活の集大成ともいえる卒業論文では、「阪神タイガースの女性ファン」をテーマに選んだ。1回生のときから続けていた女子学生仲間へのタイガース案内活動も、結果的にこの研究におけるフィールドワークとして結実することになった。

こうなれば当然、勉強に続いて仕事も野球化できれば願ったり叶ったりである。

新卒で球団職員になるのは難しそうだったこともあって、スポーツに関われる仕事ということで唯一思いついたマスコミ関係に積極的にエントリーしたが、残念ながら縁がなかった。

タイガースに出向できるチャンスがあると聞いて阪神電鉄（阪神電気鉄道）も受けてみたが、こちらも不採用。

持ち前の実直さと行動力で道を切り拓いてきた藤井は、就職活動においても企業ごとに入念な下調べと準備を行って万全の状態で選考に臨んだが、必ずしも報われなかった。

いったんスポーツ関係に進むことはあきらめ、ほかに興味といえば何だったかを考えてみたら、電車が思い浮かんだ。

鉄道業を軸にさまざまなビジネスを展開していることにも興味が湧いたので、件の阪神電鉄以外にも鉄道会社を受けて、最終的に近畿日本鉄道株式会社（現近鉄グループホールディングス株式会社）、いわゆる近鉄に入社した。

ちなみに、就職活動中、同じ関西大学の見知らぬ学生から、「もしかして、あの阪神ファンの方ですか?」と声をかけられることが何度かあった。知らぬ間に、その界隈では少し知られた存在になっていたのだ。

就職活動も無事に終え、卒業までまとまった時間ができた。この期間を利用して7月末から約2カ月、シアトルへの短期留学を経験した。

人生を通じて初めての海外渡航だったこともあり、行きの機内では不安に襲われ、ひたすら泣いて過ごした。

現地到着後、まだ英語はまったく流暢《りゅうちょう》に話せなかったが、

「I love baseball! Baseball is my life!」

とひたすら言い続けていたら、趣味を同じくする友人ができ、一緒に試合観戦に行くなどして楽しい時間を過ごすことができた。

近鉄では、駅ナカ事業を中心に6年間働いた。真面目に働き充実感も得られていたが、やはり、仕事以上に情熱を燃やしていたのが野球である。

この頃になるとタイガースの応援のみにとどまらず、短期留学時の観戦体験に続くかたちで機会を見つけては渡米し、メジャーリーグの試合を観戦しに出かけていた。

予算は限られていたので、旧知の友人宅に泊めてもらうなどして上手に節約しながら、各地の球場を訪ねて本場の空気を味わい、同時に日米の球場ビジネスの違いなども自分なりに観察して過ごした。

入社当初から、30歳までにスポーツの道へ行くぞと心に決めており、その志は変わるどころかますます強まっていた。

そのため、ほかにも各種スポーツイベントでのボランティアのほか、スポーツ業界に関連するセミナーや勉強会に参加するなど、とにかく余暇時間を精いっぱい使ってスポーツ界での見聞を広め、同時に自分にできること、自分が本当にやりたいことを探した。

ときには夜行バスに乗って都内まで出ていく週末もあった。そのなかで個人的にとくに興味を引かれたのが、いわゆるアスリートのセカンドキャリア問題だった。

アスリートのキャリア問題

どんな選手にも、いつかは競技生活を引退し、「元選手」となる日がやってくる。とはいえ、それがニュースに取り上げられたり、セレモニーや引退試合が行われたりするのは一部のトッププレイヤーに限られる。

そうした選手たちの多くは、長年必要とされて30代以降まで現役を続けているが、実際には、野球やサッカーなどのプロスポーツにおける平均引退年齢は20代の半ば過ぎというのが実情だ。大多数の選手たちは、所属チームのコアなファンを除けばほとんど知られることもなく、ひっそりとプロの舞台から去っていくことになる。

競技生活に人生のほとんどを捧げてきた元選手たちの多くが引退後、すなわち、セカンドキャリアにおいても競技に関わる人生を望むのは自然なことだ。とはいえ、プロチームの指導者やテレビの解説者になれる人数はきわめて限られている。

一方で、スクールを開いたり、育成年代の指導者を目指したりするにしても、少子化をはじめとする社会問題との向き合いは避けられず、そのなかで長期的な視野に立ってキャリア形成を行っていく必要がある。

いっそのこと、まったくスポーツに関係のない仕事を目指すのも一つの道だが、新しい世界に飛び込むには思いきったマインドの切り替えが必要だ。しかしながら、とくに選手時代の栄光が強い者ほど、過去への自負が〝余計なプライド〟となって新たな人生への適応を妨げてしまうこともある。

プロスポーツとなると、さらにその〝光〟が強くなるため、海外の統計なども参照すると、引退後に数年で破産したり、何らかの依存症に陥ったりするなどの悲惨な末路を迎えてしまう選手も、決して稀とはいえない現実が見えてくる。

藤井の場合、あるとき、元プロ野球選手が事件を起こして逮捕されたニュースにふれたことをきっかけに、このテーマについて考えることが増えていた。

引退後に必ずしも幸せな人生を送っていない選手も少なくないという事実に対し、選手を応援し、その活躍を通じて多くの喜びを受け取ってきた野球ファンの一人として、他人事としては片付けられない感覚があったのだ。

そうしたなかで迎えた２０１１年７月、藤井の人生に大きな影響を及ぼすできごとが訪れる。

当時、最速レベルの速球を武器に日米で数々の実績を残し、阪神タイガースの選手として一度目の現役引退を迎えた元投手、伊良部秀輝の訃報だった。享年42。自死であった。

ある日のタイガース戦後、ヒーローインタビューのお立ち台の壇上で「甲子園は世界一っすよ」とコメントしたのをスタンドで聞いて以来、大好きな選手の一人だった。そうでなくても、日本人として初めてMLBワールドシリーズのチャンピオンリングを手にしたほどの大投手だ。いったい、なぜここまで追い詰められてしまったのか。インターネットニュースで訃報に接した電車のなかで涙が溢れ、人目も憚らずそのまま泣き続けた。

野球選手も一個人事業主である以上は自己責任。セカンドキャリアといっても、要するに転職のようなものなのだから、アスリートだからといって特別にケアする必要などない。

そういう考え方もあることは藤井自身、理解していた。しかし一方で、ひたすら競技に集中することが良しとされる世界で育った結果として、突然、プロの世界に放り込まれ、同じく競技に専念することが美徳とされる風潮のなかで翌年の保障すらない世界を戦い、やがて「元選手」という肩書だけが残った状態で、多くの場合は同じく突然、社会に放り出される。

現役中から引退後まで、人気職業だからこそそのリスクもたくさんある。こうした業界の構造を考えると、やはり、何かしらのケアやサポートはあって然るべきだと考えていた。

大好きな野球の大好きな選手たち。その少なくない人たちが、引退後に苦しみを抱え、最悪の場合、死に至る。

伊良部氏の訃報でこの問題の深刻さを確信した藤井は、このままスポーツ業界の外で会社員を続けている場合なのだろうかと自問自答した。とはいえ、すぐに会社を辞めるわけにもいかないので、この問題に対してどんなアプローチができるか、まずは自分なりに調べてみることにした。

「人材事業」や「キャリアコンサルタント」といった、それまで馴染みのなかった言葉たちが目に飛び込んできた。

これまでいつもそうしてきたように、キャリアや人材に関連した分野のセミナーや研修に積極的に参加したり、関連する分野の本を読んだりして、まずは懸命に勉強した。

同時に、何かの縁も生まれるかもしれないと思い、訪れた各所で「アスリートのキャリアに興味がある」と公言し続けた。

転機が訪れたのは数年後だ。近鉄の社員として過ごした後半の約3年間、藤井はアメリカ留学を目指してひたすら英語の勉強に励んでいた。

アメリカにはキャリアカウンセリングを専門的に学べる大学院があることを知り、本場で最先端の知識を学ぼうと考えていたのだ。

そして、いよいよ留学の決行に向けて踏みきろうとしていた矢先、アスリートのキャリア支援事業を新しく立ち上げた東京の会社からスカウトを受けた。

オファーを出してくれたのは、半年前に参加したセミナーの登壇者だった。アスリートのキャリア支援への想いを公言しながら各地でまき続けた種の一つが、思わぬかたちで芽を出して戻ってきたのである。

すでに留学する頭で真剣に準備を進めていたこともあり、かなり迷った。それでも自分が望み続けた仕事が、何と向こうから先に歩み寄ってきてくれたのだ。

千載一遇の機会と捉え、オファーを受けることにした。会社の規模でいえば大企業の近鉄とは比較にならず、この時点では、家族や親戚からもおおいに疑問をもたれる転職になった。

しかし、藤井自身は前向きな気持ちで初めての東京生活をスタートさせた。

何より伊良部氏の死をきっかけに、自らの心に刻みつけたアスリートのキャリア文援への使命感が、最終的に自身の背中を押し、この新しい仕事への挑戦を促してくれた。

ついに辿り着いた天職

それから3年半、数多くのアスリートのために全国を駆け回る日々を過ごした。会社の方針により、対象種目となったのはおもにサッカーとバスケットボールだったが、同じアスリートであることに変わりはなく、選手たちへの敬意も変わらなかった。

それでも、もともと野球オタクだったため、当初、サッカーに関しては「J1」「J2」といったリーグカテゴリーの名前すら知らなかった。

若くしてひっそりと引退を迎えることになった青年たちと面談を重ね、自己分析や面接対策などのサポートを丁寧に行い、実際に企業の内定を得られたときなどは、わがことのように嬉しかった。

Jリーグの新人選手向けの研修や、各クラブを訪問しての研修など、これからプロのキャリアを始めていく選手たちや、現役中の選手たちにも、引退へ向けた備えの大切さやキャリアに関する考え方など、可能な限りの情報や知見を提供するよう努めた。

第3章

夢を叶えた熱血タイガース少女

転職して間もなく、国家資格のキャリアコンサルタントの試験にも合格しており、まさにかつて誓ったとおり、その道のプロとしてアスリートを支える人生を送っていた。

しかし、ここで再び転機である。会社員生活では一定の確率で起こることではあるが、会社側の体制変更にともない、それまでとは方針や環境が変わっていくことになった。

心残りもあったが、一つのきっかけとして前向きに捉え、この機会に再び野球のほうを向いてみることを考えた。

実際にアスリートに関わって働いた3年半を経て、この頃にはかつてのような純粋なスポーツファンとしてだけではなく、スポーツ業界で働く人間としての視点ももてるようになっていた。

これまで学び続けてきたキャリアに関する考え方を自分自身にも当てはめながら、長期的視野で考えた結果、いつかは携わりたかったプロ野球の世界に、このタイミングで飛び込んでみることを決めた。

各球団のサイトを調べていたら、バファローズからMD（マーチャンダイザー）職、すなわちグッズを扱う部門の求人が出ているのを見つけた。鉄道会社で駅ナカ開発に従事し、小売業の経験を積んでいたことを、このポジションならアピールポイントにできるかもしれなかった。

それでうまくいく確信まではなかったが、球団側の求める人材像と自分自身の経歴を突き合わせ、二つの点を結ぶ線を引くようにして職務経歴書を準備した。

結果は採用。甲子園のライトスタンドで育った熱血野球観戦少女が、ついにプロ野球界の一員になる夢を叶えたのだった。

こうして2018年9月から、バファローズの球団職員となった。

あらためてなかから見る球団の景色、プロ野球の景色は、ファンとして眺めていた景色とはまったく異なっていた。

レストランの客席と厨房のようなものなので、当然といえば当然のことだったが、厨房側、つまり、運営側からプロ野球の現場を見て働くことで、前職で選手に寄り添っていたときとはまた別の視点で、スポーツの現場を見ることができるようになった。

一方で、すっかり板についていたキャリアコンサルタントとしての一種の〝職業病〟から、キャリア目線で球団職員という仕事について自然と観察している自分もいた。

一社会人としての球団職員のリアルを知り、人材業界的視点でのスポーツ業界における課題が見えてくる感覚があった。

前職で、クラブの現場で働く人たちから聞いていたさまざまな課題のこともあわせて思い出し、クラブ側からセミナーの実施を頼まれていた背景や実情が実感とともに理解できるようになった。やがて、かつてはアスリートに限定されていた自分の視野と関心が、スポーツ業界で働く人々全体のキャリアへと広がっていった。

そんな折、時代はコロナ禍へと突入。球場から観客の姿が消え、当たり前だったプロ野球の日常は完全に失われ、球団職員だった藤井も在宅の時間が増えた。

この極端な変化のなかで、あらためて人生や生き方について考える時間が自然と増えていった。

またキャリアを専門に扱う仕事に戻りたい。

それが素直な気持ちだった。とはいえ、大好きなプロ野球の仕事に従事している幸せと有難みも十分に理解していた。

そんな葛藤のなかで、ふと、「プロ野球　キャリア」と単語を入れてインターネット検索をしてみたところ、ＰＬＭによる人材事業の求人情報がヒットした。グッズを扱うＭＤ部門にいたためＰＬＭとの接点はあったが、同社のＭＤ以外の事業のことまではよくわかっていなかった。

思いもよらなかった可能性に胸を高鳴らせながら、しばらく夢中でＰＬＭキャリアのサイトを読む。スポーツ業界専門の人材事業。運営会社の株主はパ・リーグ６球団で、球団職員の求人も扱うエージェント。

これまでに積んできたすべての経験が、きれいに１本の軸で束になる感覚があった。是非、自分に任せてくれと、すぐにでも伝えたいくらいにドンピシャの、まさに、いちばんやりたかった仕事だった。応募しないわけにはいかなかった。

こうして２０２１年９月、ＰＬＭに入社し、ＰＬＭキャリアの仕事を任された。もはや競技も関係ない。選手もチームスタッフも球団職員も、あるいはスポーツメーカーはじめ、球団以外のスポーツ関連企業のみなさんも。スポーツ業界で働くすべての人のキャリアに興味がある。

大手人材サービスとは異なり限られた人数で、しかもＡＩ（人工知能）やシステムに依存せず、人が直接介在するかたちで運営しているため、すべての企業や求職者のニーズに応えきれていないもどかしさもある。

それでも今、自分に可能な最大限の方法で、スポーツの世界を志すみなさんの力になるべく日々奮闘している。

ついに天職を見つけた藤井とともに、いつかスポーツビジネスパーソンが人気職業のトップ10入りを果たすその日まで、PLMキャリアの挑戦も続く。

第4章

スポーツビジネスとキャリア

国家プロジェクトとしてのスポーツ産業

プロ野球パ・リーグ6球団による共同出資で2007年に設立されたPLMは、その成り立ちからして名実ともに、野球の、野球による、野球のための会社だ。

となれば当然、そこに集まる人々の大多数は野球人、つまり、野球を愛する人々で、第2章に登場した辻のように実際に野球を真剣にプレーしてきたか、あるいは第3章の藤井のように、少なくとも熱心に観戦してきた経験が豊富な人ばかりに違いない。

おそらくこの会社の存在を知った人の多くは、そういう印象を抱くであろうし、かくいう私自身もその一人だった。

もちろん、主力事業である「パ・リーグTV」における試合映像の配信など、野球そのものを伝えるコンテンツを扱う部署となると、さすがに、野球への造詣は不可欠だ。アルバイトを含め、スタッフの多くはいずれかの球団の熱心なファンであったり、自らも野球経験者であったりする。

しかし、その一方で、もう少し社内全体に目を向けてみると、意外にも一概に野球好きばかりの会社でもないことがわかってくる。

ＰＬＭの公式サイト（２０２４年2月時点）を開いてみると、「従業員名鑑」と称して、まさに選手名鑑のパロディのようなかたちでユーモラスに社員のプロフィールを紹介しているページがある（右投右打といった「野球選手」としての情報に加え、ご丁寧に各々の「登場曲」まで紹介されている）。

ここを細かく見てみると、もちろん、根っからの野球好きもいるにはいるが、実のところサッカーやバスケットボール、陸上やラクロスなど、むしろ、他競技に熱心に関わってきた経歴・経験の持ち主が少なくない。

たしかに考えてみれば、６年にわたり同社のＣＥＯを務めてきた根岸友喜その人がまず根っからのバスケットマンであり、何かしら公式な行事がある日を除けば、たいてい、どこかしらのＮＢＡチームのジャージ上下に身を包んで出勤していた。

野球の会社でありながら、必ずしも野球人ばかりでもない。言葉を選ばずにいえば、単なる「野球バカ」の集まりではない。これもパ・リーグを支えるＰＬＭという企業の興味深い特徴の一つとなっている。

「野球」以上に「人」にこだわって採用を行ってきたことによる自然の成り行きとは

いえ、結果的に多様なスポーツの経験や知見をバックグラウンドにもつ面々が集まっていることは、同社の〝本業〟である野球を資するうえでも、会社として掲げる「スポーツの総合商社」を目指していくうえでも、きわめてプラスに働いているといえる。視点が多様化することによって、組織としての創造性も高まることを考えれば、多様なスポーツに親しんできた人々が集まることは、ＰＬＭという企業のベクトルに対してむしろ理にかなっているといえる。

前章では、スポーツビジネス分野に特化した人材紹介事業である「ＰＬＭキャリア」について、その中心的役割を担う藤井頼子の半生とともに紹介した。

本章ではその流れを受けるかたちで、スポーツビジネスとキャリアという、もう少し大きなテーマについて、ＰＬＭで働く複数の社員の事例と共に、さらに詳しく掘り下げてみたい。

２０１６年に日本政府が発表した「日本再興戦略２０１６」を紐解くと、日本の成長戦略における重要な柱の一つである、「新たな有望成長市場の創出」の一環として、「スポーツの成長産業化」という文言が明記されている。

より具体的には、２０１５年時点では５兆５０００億円規模だった日本のスポーツ

・日本のスポーツ市場規模の推移
（2012年－2018年推計）

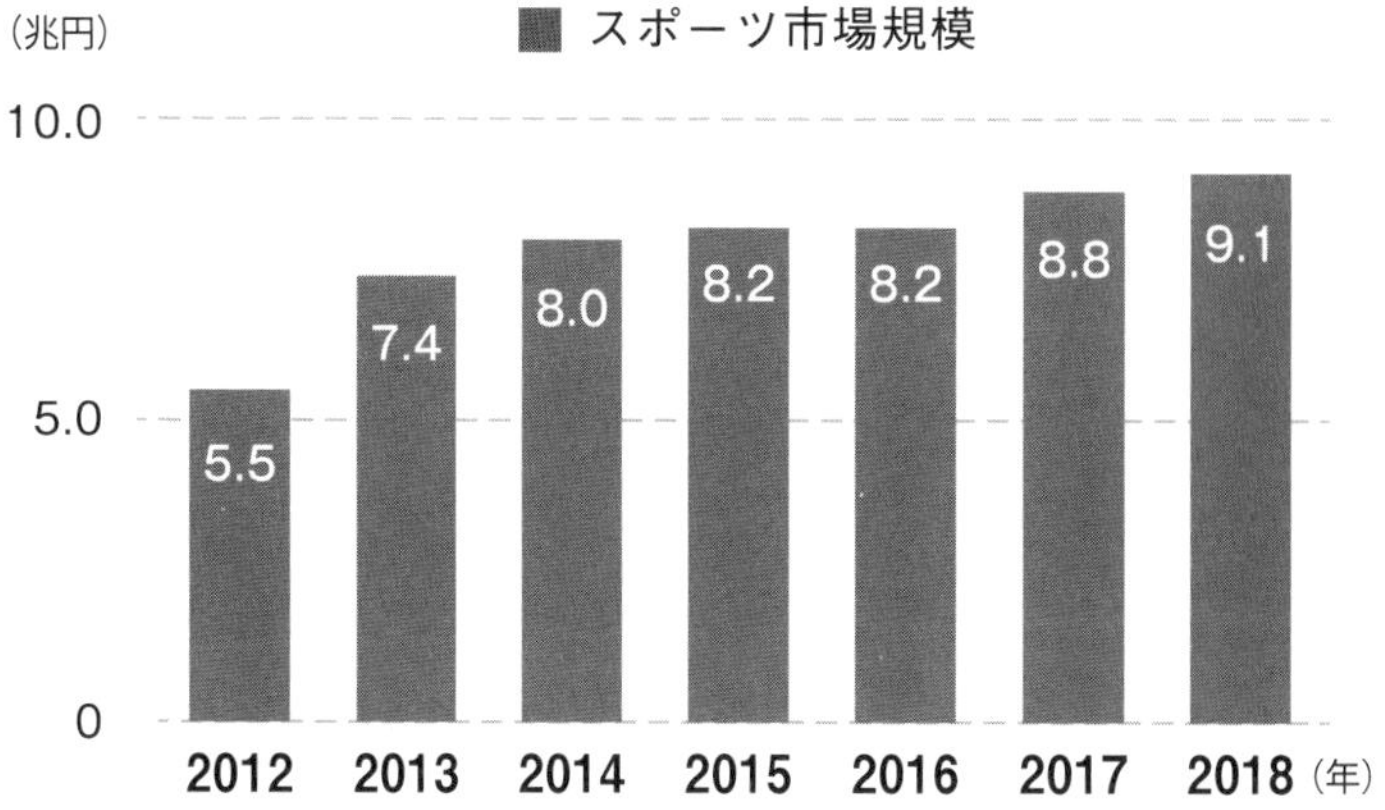

参照元：第３期スポーツ基本計画（令和４年３月２５日）スポーツ庁

市場を、２０２５年に15兆円規模まで成長させることが目標として宣言されている。

　その後、２０２２年にスポーツ庁が発表した「第3期スポーツ基本計画」によれば、２０１８年まで順調に拡大し、９兆１０００億円規模にまで達したあと、新型コロナウイルスの感染拡大がおもな要因となって成長が鈍化しているが、それでも当初の目標は変更されていない。

「スポーツ産業を再び活性化させるとともに、成長産業化への道筋を明確なものとする」としたうえで、各地域のスタジアム・アリーナの整備や、他産業との連携によるオープンイノベーションなど、目標実現に向けた複数の方針を打ち出している。

本章のテーマから逸れるためこれ以上の詳述は避けるが、こうしたレポートや計画書はオンラインで一般公開されているので、詳しくはそちらを参照していただければと思う。

要するに、現代日本におけるスポーツ産業は、国家戦略の重要な一部としても位置付けられているのだ。

この背景には、アメリカやイギリスをはじめとする諸外国におけるスポーツ市場が、その成長の規模と速度において、日本を大きく引き離してきたという事情も関係している。

たとえば、プロ野球やJリーグは、1990年代半ばの時点では、その市場規模においてアメリカのMLBやイギリスのプレミアリーグなどとそこまで大きな差はなかったが、そこから20年ほどの間にそれぞれ何倍もの差がつく結果となって現在に至る。

それどころか、アメリカ国内におけるスポーツ産業全体の市場規模は、ついに自動

・プロ野球とプロサッカーの市場規模に関する比較

野球・サッカーで世界のトップリーグと比べて、20年前には差は小さかったものの、現在ではそれぞれ、約３倍、約５倍といった差が生じている。

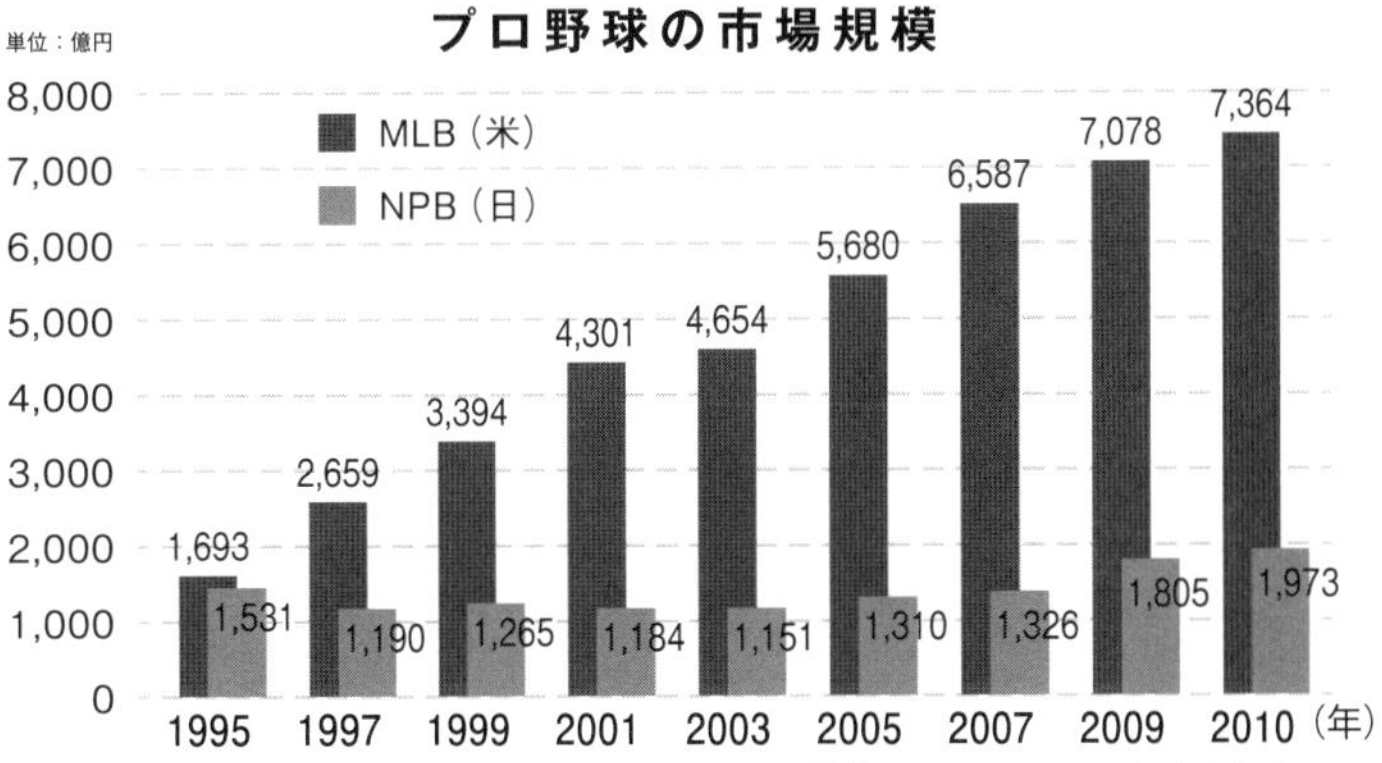

（出典）Forbes, The Business of Baseball, Asahi.com

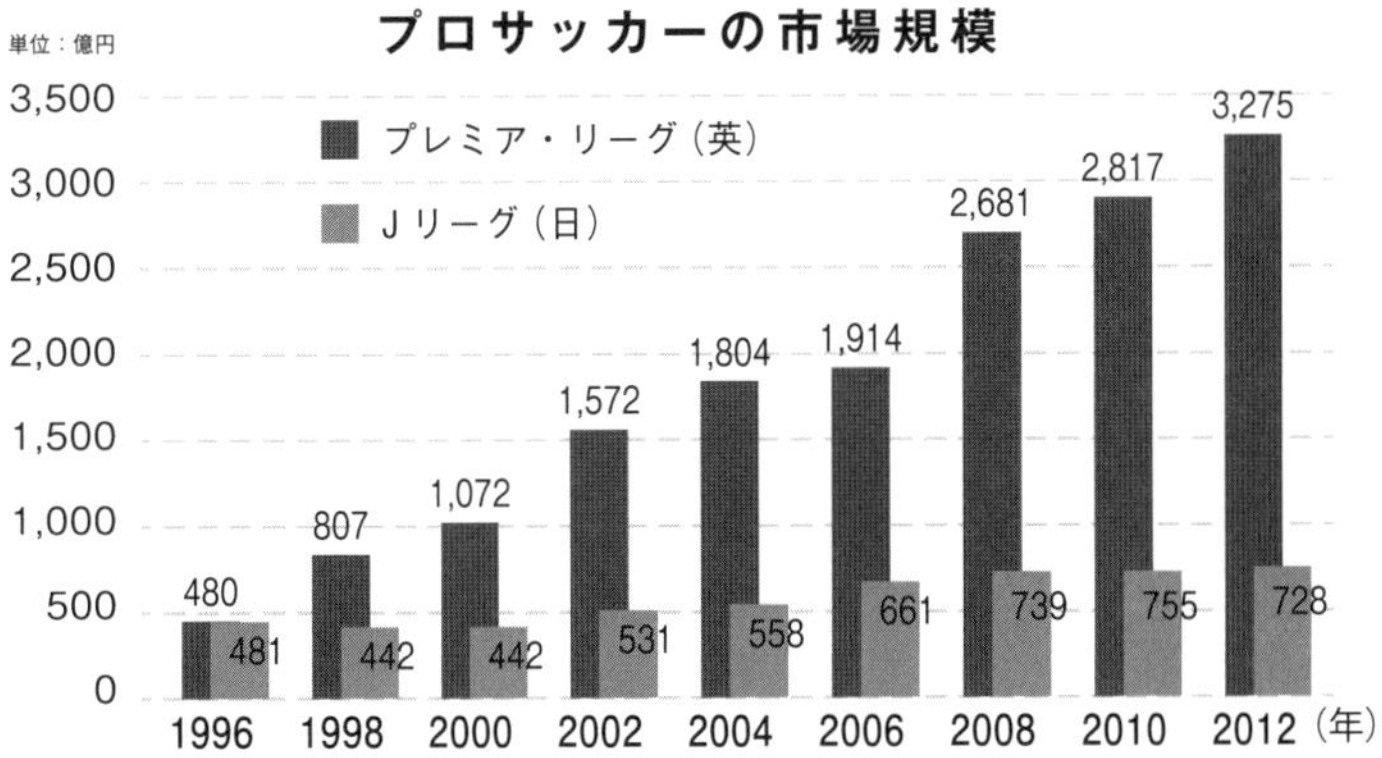

（出典）Delo itte Annual Review of Football Finance

参照元：スポーツの成長産業化に向けて 平成28年８月10日（経済産業省商務情報政策局サービス産業室）

車産業のそれを上回る大きさにまで拡大しているとの試算も出ている。

しかし、そのアメリカスポーツ市場にしても、決して元からそれだけの規模を誇っていたわけではなく、あくまでこの数十年の間にそれだけの差が日本との間に生まれてしまったのだ。

そこにはもちろん、さまざまな社会的・文化的背景も絡むため、必ずしも単純な比較が成立するわけではない。

それでも国民の半数がスポーツファンを自認する統計も出ている日本において、スポーツ産業にまだまだ多くの成長余地が残されていること自体は確実とみて間違いないだろう。

第1章で述べたように、MLBのリーグビジネスモデルを一つのベンチマークとして誕生したPLMは、まさにこうした国際的な時代背景のなかで誕生し、成長してきた企業ということになる。

将来的に12球団がまとまってリーグビジネスを行う可能性も含め、日本のスポーツ産業の成長において象徴的な役割を担いうる存在であるといえるだろう。

スポーツビジネスパーソンという職業

このように政府レベルでもスポーツ産業全体の成長を後押しする流れのなか、今後あらためて同分野の市場規模が拡大していくとするならば、そこには当然、より多くの人材ニーズが生まれることになる。

つまり、より多くのスポーツビジネスパーソンの存在が求められるのである。前章でも紹介したように、PLMでは「2028年の小学生が将来なりたい職業ランキング第9位に『スポーツビジネスパーソン』がランクインする」という目標を掲げている。

ここで、「13歳のハローワーク」公式サイト（運営：株式会社トップアスリート）が発表した2023年12月の人気職業ランキングを実際に見てみると、プロスポーツ選手が堂々の1位を獲得しており、もう少し下位まで目を通すと、23位に理学療法士、37位に監督・コーチ、46位にスポーツトレーナー、88位にスポーツ用品メーカー勤務など、スポーツとの関連が深い職業が100位以内に五つランクインしている。

このほかにも、体育教師や部活指導を志して教員を目指すケースや、スポーツドクターを志して医師を目指すケースなども一定数存在していることは、多くの読者に想像がつくのではないだろうか。

スポーツの主役は誰かといわれれば、第一義的には選手だ。大人であれ子どもであれ、スポーツを愛する人間が選手に憧れるのはきわめて自然なことであり、そのスポーツ選手が長年にわたり人気職業の総合1位を争い続けている状況が、この国におけるスポーツの価値や人気の高さを物語っているといえる。

しかし、当然ながら、実際にスポーツ選手になれる人間の数はきわめて限られている。

よく「ひと握り」という表現が使われるが、実際にはひと握りどころか、握った砂をすべて手放して手を洗ったあと、それでも関節や指紋の間に残る数粒くらいのレベルだといっていい。逆にいえば、だからこそ、憧れの存在にもなるのである。

そのようななか、部活動や地域のクラブでスポーツに親しみ、真剣に競技に打ち込んだり、あるいは熱心に観戦した経験や記憶のある人々の間で、たとえ、選手にはなれずとも、「スポーツに関わる仕事がしたい」という需要は常に一定数存在する。

・スポーツに関わる人気職業（2023年12月）

1位	スポーツ選手
23位	理学療法士
37位	監督・コーチ
46位	スポーツトレーナー
88位	スポーツ用品メーカー勤務

参照元：「13歳のハローワーク」公式サイト（運営：株式会社トップアスリート）より

そうしたときに多くの人の脳裏に浮かぶのが、前述したスポーツ関連の職業だ。

指導者として競技の現場に携わったり、自身の怪我の経験がきっかけで理学療法士やスポーツドクターを目指したり、あるいは、お気に入りのスポーツメーカーやスポーツショップで働いたりするというのは、多くの人にとって原体験があったり、想像しやすかったりする未来だといえるだろう。

本書を通じて、とくにスポーツを愛する若い読者、スポーツに親しむ子をもつ親世代の読者、あるいは世代を問わず何かスポーツに関わる仕事に就きたいと考えている読者、さらにはセカンドキャリアの選択肢に悩む現役アスリートの読者にお伝えしたいのは、ここにもう一つ、競技の現場や治療・リハビリの現場ともまた異なる「スポーツビジネス」という世界があり、そこで働くスポーツビジネスパーソンという職業が存在する、という耳寄りの事実だ。

しかも、その活躍の場は今後ますます増えていくと考えてよいし、いっそ自分自身で創り出してしまうことだって十分に可能なのだ。

現に人材育成、なかでもスポーツ経営人材の育成は、スポーツ庁・経済産業省が2023年に発表した「第二期スポーツ未来開拓会議 中間報告」においても重要な課題の一つとして明記されている。

しかしながら、同じスポーツ関連の職業でも、選手や指導者、ドクターやトレーナーといった競技現場の技術系専門職に比べると、スポーツビジネスという職業は抽象度が高く、その具体的な中身や仕事内容はいまいち想像しづらいところがあるのもまた事実だろう。

そこで、あらためてスポーツビジネスというものを簡単に定義すると、以下の三つのいずれかに仕事として携わることだ。

・スポーツそのものによる世の中への価値提供（試合など）
・スポーツ界において何かしらのビジネスを行うこと
・スポーツにほかの何かを掛け合わせることによる価値提供や問題解決

何であれ、この定義に当てはまる仕事を行っていれば、それはスポーツビジネスと呼んで差し支えのないものである。

そのうえで、より具体的な中身を知るためには、スポーツビジネスの現場、たとえばプロスポーツの試合に実際に足を運んで、ビジネス視点で現地を観察してみるというのは有効な方法の一つだ。

身近にチームやスタジアムがなければ、テレビやインターネットの中継越しでもいいのだ。

いったいどのような人たちがどのような仕事をしているのかに着目してみたり、広告看板や球場内イベントに目をとめてスポンサーシップについて調べてみたり、グッズショップでさまざまなブランドやキャラクターとのコラボ商品をチェックしてみたり、ほかにもファン・観客の視点でどのような点に魅力や物足りなさを感じるかをあらためて確かめてみたりしていると、少しずつビジネス目線での価値創出や課題解決のヒントが見えてくることが多い。

こうした知識や視点を養っていけば、ある意味で誰でも自然とスポーツビジネスパーソンへの一歩を踏み出すことになる。より端的に表現するならば、

・「スポーツ×〇〇」の視点をもって価値や課題を発見する

ということが、スポーツビジネスパーソンを目指すうえで有効なアプローチなのだといえる。

この「〇〇」の部分に自分自身の強みを当てはめることができれば、それが個人としてスポーツ界で活躍するためのきっかけや可能性につながっていくことになる。

たとえば、前章に登場したＰＬＭキャリアの藤井は、プロ野球の球団職員の求人に応募するにあたり、募集職種のＭＤに対して小売業の経験が強みとして活かせると考

え、「スポーツ×小売業」を自らの強みとしてアピールしたことで採用を勝ち取った。

また、この「強み」という部分を考えるにあたり、競技面での経験は必ずしも必要とされないことも強調しておきたい。

たとえば、スポーツメーカーでの商品開発や選手サポートを行う職種など、競技経験の豊かさが直接活かせる分野ももちろん存在する。

しかし、スポーツビジネスとはあくまでスポーツを扱うビジネスであって、スポーツそのものではない。

前出の藤井に尋ねてみたところ、ＰＬＭキャリアで紹介した求人に対しても、競技面での実績やその競技への愛の深さを訴えて採用を勝ち取ろうとする求職者が一定数存在するものの、あまり有効な戦略とはいえないということだった。

求められるのは、原則としてビジネス面で発揮できる「強み」であることを、ここであらためて強調しておきたい。

以上の前提を踏まえて、ここから先は、本章のもう一つのテーマであるキャリアという観点から、実際にＰＬＭで働く社員たちが「スポーツ×〇〇」を武器に転職・就職を成功させた事例をいくつか紹介したい。

少数精鋭のプロ集団であるＰＬＭでは、同じ一つの会社ながら、各メンバーがそこに辿り着いた道やきっかけ、タイミングも人によってバラバラだ。

裏を返せば、人の数だけキャリアのかたちがあり、チャンスのつかみ方が存在するということでもある。スポーツビジネスパーソンを目指す読者にとって、何らかのヒントになれば嬉しい。

徐々にスポーツの仕事を増やす

営業戦士としてＰＬＭで活躍する萱村修平は、新卒入社した企業で7年間新規営業に従事したあと、10年勤めた前職で映像サービスにおける営業企画やコンテンツ編成に携わっていた。

その業務の一環で、スポンサー先だったＪリーグクラブの仕事に関わることになり、そこでスポーツビジネスの魅力に目覚めた。出張でスタジアムに直接足を運んだ際、肌で感じた試合の熱気や地元との豊かなつながりに感銘を受けたのだという。人々が集まって喜びを共有し、それでお金が動いて経済が回るスポーツビジネスの仕組みに魅了され、スポーツを仕事にすることを明確に意識するようになった。

しかし、彼の場合、そこですぐにスポーツ業界への転職に向けて動いたわけではなかった。当時の勤務先にそのまま残りながら、件のＪリーグクラブとの案件を中心にスポーツ関連分野の業務を増やしていったのだ。はじめは業務全体の5％程度をスポーツに割いていたのが、最終的には30％がスポーツ関連になっていたという。ある意味で、これも一つのスポーツビジネスパーソンのかたちである。

スポーツビジネスに携わるうえで、実は、必ずしもスポーツ関連企業に所属している必要はないのだ。とはいえ、徐々にスポーツ関連業務を増やすのに比例して充実感も高まっていった結果、最終的に100％スポーツに従事することを決心し、転職に踏み切った。

前職で映像サービス関連業務やJリーグクラブのスポンサー業務に従事していた経験から、配信権やスポンサーシップを商品とするPLMのビジネスは直接的に自分の経験と強みが活かせる分野だった。もともとNBAの大ファンでバスケットボールばかり観ていたため、野球には詳しくなかったが、それでも自分が魅了されたスポーツの現場に携われる可能性があることも魅力だった。

まさに、「スポーツ×〇〇」の「〇〇」に自らの強みと実績を当てはめた好例であり、40歳で本格的なスポーツ業界入りを実現した彼は、PLMで充実の日々を送っている。

スポーツ×WEBマーケティングで新卒入社

ＰＬＭのメディア領域で「パ・リーグＴＶ」の管理やＳＮＳなど、ＷＥＢマーケティング業務に幅広く従事する森原健介は、２０２０年に新卒でＰＬＭに入社した。アルバイトスタッフを除けば、常に即戦力のプロフェッショナルを求めるＰＬＭでは、原則として新卒採用を行っていない。

もともとは学生アルバイトの一人として事業開発部門のサポート業務に従事していた彼が、大学卒業後、そのままＰＬＭの一員として採用された直接のきっかけは、単にバイトとしての働きを評価されたことではなく、実はまったく別の強みを評価されたことだった。

好奇心旺盛な彼は、４年間の大学生活のなかでＰＬＭでのアルバイトのほかにもさまざまな活動に関わった経歴があり、そのなかの一つに大学の先輩が起業したスタートアップでのアルバイトがあった。

創業者と二人で自社メディア立ち上げやＷＥＢマーケティングに従事し、月商数百万円規模の情報系ＷＥＢサイトをゼロから半年ほどでつくり上げた。

あるとき、たまたまその事実を知ったＣＥＯの根岸から関心をもたれ、メディア開発に力を入れるべくＷＥＢマーケティングに強い人材を探していたＰＬＭで、卒業後もそのまま働くことになったのだ。

幼い頃から大の野球ファンで、自身も陸上部で３０００メートル走の県チャンピオンになるなどスポーツに親しんできたが、実は知人の紹介でＰＬＭのアルバイトを始めるまで、自分の仕事をスポーツと結びつけて考えたことは一度もなかった。

それでもＷＥＢマーケティングというビジネス分野において短期間で実績を上げた事実や、それを可能にした知識やノウハウが評価対象となって、結果的に新卒での採用を勝ち取るに至った。

「スポーツ×○○」の「○○」にＷＥＢマーケティングという強みがハマったケースということになる。

一般に他業種と比べて新卒採用の機会が少ないとされるスポーツ界だが、彼のように明確な強みや実績があれば、道が開けることもあるのだ。

事務職でスポーツ界の一員になる

PLMの管理部で経理や総務に従事する奥田瑛理は、小学生の頃から高校野球を観るのが大好きで、甲子園にも毎年足を運び、自身が進学する高校や大学を選ぶ際にも、野球部の強さを少なからず考慮に入れるほどだった。

少女時代から野球観戦、野球応援を軸とした生活を続けてきた彼女は、就職活動においてもスポーツ用品の会社を受けるなどしてみたが、最終的には「何を好きか」より「何が得意か」「何ができるか」を基準に考えて、自分なりに適性を感じていた事務職で社会人生活をスタートさせることにした。

自分が人の役に立てる分野で働いて、休日に趣味として野球を観に行く生活ができればいいと考えていた。

その後、新たなチャレンジを求めて大手生命保険会社に転職して営業職に従事し、ここでは4年働いた。

少しずつ結果が出て自信もついてきてはいたが、最終的には営業職への適性に限界を感じ、このタイミングで思いきって自分の好きなこと、つまり、野球を仕事にしたいと真剣に考えるようになった。それで野球のグッズを製作する会社などに応募してみたが、なかなか採用には至らない。

そのようななか、ＰＬＭによる事務職の求人をある日たまたま発見。もっとも適性が感じられ、実際に経験もある職種だったので、思いきって応募した。

面接では野球への愛や関わりではなく、事務職における経験やスキルを説明し、自分が会社に貢献できるポイントを明確に伝えるよう意識した。

見事採用され、給与計算や備品発注、請求書対応や取締役会の準備など、バックオフィス業務全般に従事している。

オフィスのテレビで普通に野球の中継が流れていたり、プロ野球のユニフォームやグッズが自然に置いてあったりするなど、大好きな野球に囲まれて仕事をしていることに幸せを感じている。

業務内容は直接的にはスポーツと関係がないかもしれないが、実はこれも一つのスポーツビジネスパーソンのかたちである。

「スポーツ×〇〇」の「〇〇」に事務職を当てはめて活躍の場を見出したのだ。

ちなみに、彼女の場合、大学の専攻が中国語で留学経験もあったため、ＰＬＭが台湾でビジネス展開を行う際に協力を求められたこともある。

ＣＥＯの根岸が現地で行う記者会見に向けて発音指導を行ったり、台湾のパ・リーグ視聴者からの問い合わせに中国語で回答したりと、ＰＬＭで唯一の中国語話者として活躍している。

これも同じく、強みとの掛け合わせによってつかんだ機会だった。

若くしてスポーツ界に飛び込むには

さて、ここまで「スポーツ×○○」を軸に、スポーツビジネスパーソンのキャリア形成事例を紹介してきたが、とくに学生などの若い読者は、現実としてまだアピールできる明確な強み、絶対的な実績そのものが手元にないと感じている方もいることだろう。

そうした場合、無理していきなりスポーツ業界に飛び込まず、まずはほかに適性のある分野や職種で実務経験を積みながら、ビジネスパーソンとしての基礎や強みを確立させていくのは有効な戦略だ。

これまで本書に登場してきた人たちのように、やがて、然るべきタイミングで訪れた転機や好機をしっかりとつかむことができれば、結果的に自分にとって最高のかたちでスポーツビジネスパーソンとしての人生を始めていくことができる。

とはいえ、その一方で、実はまだ明確な強みがなくても、新卒でスポーツビジネス界に飛び込む方法も存在する。

その際に求められるのは、然るべきポジショニング戦略に基づいた、圧倒的な情熱と行動力だ。

PLMで6球団ライセンスグッズと呼ばれる商品開発に従事する社員に、女子サッカーの年代別日本代表の経験者である山﨑さやかがいる。

6球団ライセンスグッズとは、企業やブランドが特定球団ではなく、パ・リーグの全6球団とまとめてコラボを行うかたちでグッズの製作・販売を行うビジネスだ。PLMが各球団との連絡役も含めた窓口業務を担っており、製作・販売のみにとどまらず、球場やオンラインでのイベントを開催することもある。

この業務で中心的な役割を担う一人である彼女は、前職では誰もがその名を知る国際的なスポーツメーカーに12年勤めていた。選手時代に愛用していたスパイクのメーカーだったこの会社に、彼女は新卒で採用されている。

現在のPLMと同様、新卒採用という枠は本来用意されていなかったが、まさに情熱と行動力でそのチャンスをつかんだ。あるいは、こじ開けた。

学生時代に体育会サッカー部を引退後、その会社で働きたいという自身の希望を、当時関わりのあったあらゆる人に伝え続けた結果、現役社員から話を聞く機会を得て、インターンにこぎ着けたのだ。

実は、このインターン自体はおもにデザイン系の専門学生が参加するプログラムだったため、いざ足を運んでみると、おそらく唯一の体育会系学生だった彼女は明らかに浮いていた。

場違いであることは自覚していたが、自分にできることがサッカーしかないことを正直に伝えたところ、たまたま開催予定だったサッカー関連のイベントでボールを蹴る仕事をもらえた。

これをきっかけにマーケティング部署で見習いの機会を得て、あらゆるスポーツカテゴリーのイベントの手伝いのほかに、社内のさまざまな会議や現場にも同席させてもらえるようになった。

まだまだビジネススキルが不足していることは自覚していたため、出席した会議の議事録作成など、基礎的な業務に集中して真剣に取り組んだ。

そうした修行の日々のなか、セールス職のサッカー担当の採用枠が空いたという情報が彼女の耳に入る。

当時の社内において珍しかった学生インターンを温かく見守ってくれていた社員た

ちにも背中を押され、選考に応募したところ、結果は採用。憧れだったスポーツメーカーに、念願叶って新卒での入社を果たしたのだった。

もともとサッカーひと筋だった彼女が現在、プロ野球の会社で働いているというのも面白い話だが、当然ながら、この転職を行ったときの彼女は、もはや、サッカー頼みの体育会系学生ではなかった。

12年勤めたスポーツメーカーでの経験を実績に採用を勝ち取り、その道のプロとしてグッズ開発やイベント開催などに従事している。

6球団ライセンスグッズの場合、コラボ先企業と6球団という、少なくとも七つの組織を相手にする必要があるが、こうした複数の関係者の間に入ってコミュニケーションを行うことは、前職で彼女が見出した自らの得意領域の一つだった。

かつてはサッカーと情熱だけを頼りにしていた彼女だったが、実務経験を積むなかで自らの強みや関心、個性を自覚するに至り、それがスポーツビジネスパーソンとしての彼女の持ち味になった。

PLMの若手社員

ところで、原則として新卒採用を行わないPLMにおいても、前出のWEBマーケティング社員のほかにもう一人、新卒での入社を果たした青年がいた。ある種の〝逆輸入〟のかたちで同社にたどり着いた、保坂友吾である。

彼は学生時代に、スポーツ分野に定評のあるアメリカの大学に1年の留学を行い、そこで現地のプロスポーツリーグ関係者とのつながりを得たことをきっかけに、帰国後、その日本支社でのインターンの機会を勝ち取った。インターン期間中にとあるイベントでPLMと関わることになり、この縁がきっかけとなって結果的に新卒での採用となった。

根っからのスポーツオタクで自身もバスケットボールをプレーしていた彼は、早くからスポーツビジネスパーソンを志して熱心に勉強や業界研究を行い、留学も理想のキャリアから逆算するかたちで、明確な目的意識とともに行った。

こうした研究熱心さや行動力が身を結び、好機をつかんで夢だったスポーツの仕事に就いた。PLMで数年働いたあと、現在はかつてのインターン先に社員として復帰し、引き続きスポーツ界で奮闘している。

最後にもう一人、高校で硬式野球部、大学で体育会ラクロス部を経て、新卒入社した大手銀行を1年半で退職し、PLMに移ってきたのが小紫大輔だ。

同じく学生時代からスポーツ業界への関心は強かったが、彼の場合、まずは大手企業に就職して実務経験を積み、タイミングを見ての転職というかたちで業界入りを目指すことにした。

大学を卒業し、関西の銀行で働いていた1年目の秋、野球ファンとして趣味で視聴していたパ・リーグTV公式YouTubeチャンネルの独自の切り口が気になって運営元を調べたところ、PLMという企業の存在を知り、強く興味を引かれた。

気になって調べていくうち、CEOの根岸もゲスト講師として登壇する半年間のスポーツビジネスプログラムが東京で開催されることを知って、参加を申し込んだ。

ほぼ週末ごとに夜行バスで関東に通う生活はそれなりにタフだったが、念願叶って根岸との対面を果たすと、自ら用意した企画書とともに面接希望の旨を訴え、機会を得た。結局、そのときにはPLM側の採用ニーズと合致せず不採用となってしまったのだが、次の機会で再び選考に応募し、無事採用されるに至った。

組織内での明確な「正解」を学んでいくことが求められた大手銀行と違い、自ら問いを立て、主体的に動くことが求められるPLMの社風に最初は戸惑いを覚えた。

それでも先輩社員たちの働き方に学びながら、充実感とともにスポーツビジネスパーソンとしての研鑽を積んでいる。

このように、新卒あるいは第二新卒にあたるタイミングでも、スポーツビジネス界への扉が開くことはある。そこで鍵になるのは前述したように、然るべきポジショニング戦略に基づいた、圧倒的な情熱と行動力だ。

当然といえば当然の話だが、一般的に駆け出しの若手がビジネスの最前線に提供できる価値は限られる。

ただし、ゼロとは限らない。その限られた己の価値にも何らかの勝機があることを信じ、情熱をもって工夫しながら行動を起こせるか。多くの人が踏み出さない一歩をあえて踏み出す、その一歩を繰り返し踏み出し続けられるか。実際にチャンスを勝ち取った彼ら彼女らの歩みを見ていると、そういったところで道や結果が分かれているように思えてくる。

好きなことを仕事にする

最後に、野暮とは知りつつ私自身のキャリアストーリーも、ゼロからスポーツビジネス界に飛び込むうえでの参考事例の一つとして、少しだけ紹介しておくことにする。第1章でも軽くふれたとおり、実は私もスポーツビジネスパーソンの端くれで、おもにサッカーの世界でブラジルと日本をフィールドに仕事をしてきた経験がある。

私の場合、大学卒業直前までスポーツ業界を進路に考えたことは一度もなく、もともとまったく別の道を志望していた。

ところが、大学生活最終年の初夏、ＹｏｕＴｕｂｅでたまたま観たブラジル代表のサッカー選手、ネイマールのプレーに衝撃を受けたことがきっかけで、思いがけずブラジル移住を目指すことを決断してしまう。

当初は、現地の日本人学校や日本語新聞社で仕事を得ようと考えたがうまくいかず、思いきって当時、ネイマールが所属していたサントスＦＣに飛び込みで自分を売り込んだところ、逆にうまくいって広報部の一員として迎えてもらえることになった。

ここではその売り込みの具体的な方法を簡単に解説しておく。

私がサントスFCを訪ねた前年にあたる2011年、同クラブは南米王者として日本開催のFIFAクラブワールドカップに出場した。

その際に日本向けマーケティングの一環で、新たに日本語版のクラブ公式サイトを開設していた。

ところが、この日本語サイトを詳しく見ていくと、急ごしらえのためか、あるいはプロの翻訳者を見つけられなかったためか、記事中の日本語が間違っている箇所が少なからず見つかった。

当時、ネイマールを含む豪華なタレントを擁し、48年ぶりに国際舞台に戻ってきたサントスが、海外市場へのマーケティングにも積極的になっているであろうことは、この日本語サイトの開設という事実一つを見ても想像がついた。

しかし一方で、前述の日本語表記のミスのほかにも、日本向け広報のために公開した選手たちの写真のポーズが問題になって一部で炎上するなど、その分野の正確な知識や知見をもった人間が不在であることも同じく想像できた。

しかも、同じ海外でもヨーロッパのサッカーの人気が高い日本では、南米サッカーへの注目度はそこまで高くなく、実際にサントスが戦った横浜でのクラブワールドカップ決勝でも、日本人の観客の大多数が対戦相手のFCバルセロナ（スペイン）を応援していた。

いくらスーパースターのネイマールが在籍していても、地球の反対側のブラジルのクラブに関心をもって、わざわざ日本から現地まで訪ねて行く人間などまず存在しない。

端的にいって、日本人である私がチャンスを得るには最適な状況がそこにあった。然るべきポジショニング戦略を立てられれば、あとは情熱をもって行動するのみである。

サントスのスタジアムを訪ねて見学ツアーに参加し、案内役のスタッフに日本語サイトの改良をはじめとした日本向けマーケティングのアイデアと可能性を訴えたところ、マーケティング部門のスタッフにつないでくれ、そこから最終的に広報部門のトップを紹介され、彼に採用されるかたちで広報チームの一員に加わった。

まだポルトガル語はできなかったので、おもに英語でコミュニケーションを取り、日本語公式SNSの運用を軸にいくつかの施策を実施したり、クラブの下部組織が日本遠征を行う際のメディア向け資料を作成したりするなど、とにかく機会を探してはできることをかたちにした。

ボスの尽力も空しく労働ビザまでは出なかったので、日本からのリモートワークを主としながらほかの仕事と掛け持ちし、ここぞというときは自腹を切ってブラジルに足を運んだ。

若かったこともあり、とにかくお金より機会と経験が欲しくて、条件面の話もそこそこに、ときに勝手に働いて実績をつくりにいった。

ちなみに、このケースに「スポーツ×○○」の式を当てはめると、日本人であることを自らの個性として前面に押し出しつつ、「○○」の部分に「日本」を当てはめて、複数の具体的な施策を提案したことになる。

いわゆる新卒にあたるタイミングで、語学力くらいしか売り込めるスキルがなかった当時の私は、日本人という属性そのものを強みに変えるしか手立てを思いつかなかったというのも正直なところだ。

それでも前述したように、そのわずかな可能性に賭けて一歩を踏み出し続けたことで、何とか未来へとつながる道にアクセスすることができたのだった。

この縁がきっかけとなって、サントスの仕事を離れたあとも、ネイマールのファミリーと個人的な付き合いが続き、彼らがブラジルで運営している学校を訪ねて授業を行ったり、ネイマール自身の来日時に通訳を請け負ったりするようになった。

やがて、日本人のサッカー選手たちとも縁ができ、彼らの海外進出のために語学や異文化コミュニケーションを指導する事業を立ち上げた。

こうして思いがけず飛び込んだスポーツ業界で活動を続けているうちに、ひょんなことからPLMとの出会いがあり、この魅力的な会社とその魅力的なメンバーたちの存在を知ることになったのである。

前述したように、親しんできたスポーツも人生の背景もまったく異なる、さまざまな人々が集まるPLMという会社だが、それでも一つ、おそらくは全員に共通していることがある。

それはシンプルに、スポーツを愛していることだ。

2014年に「好きなことで、生きていく」をキャッチコピーとするYouTubeのテレビCMが日本で流れてから、今年で10年になる。

それがこの時代の、あるいは人間の生き方の「正解」かどうかは、人それぞれの価値観に委ねられるべきだが、少なくともＰＬＭで働く人々を見ていると、一人ひとりがもつ「好き」に支えられた情熱が、組織としての強いベクトルや前向きなエネルギーを生み出しているように感じられる。

スポーツビジネスという仕事、スポーツビジネスパーソンという生き方の魅力が、本章を通じて少しでも伝わっていれば嬉しい。

キャリアとは人生の物語

本章のまとめを兼ねて、あらためて「キャリア」という言葉についてふれておきたい。

「キャリア官僚」といった言葉も存在するように、文脈によっては、微妙にそのイメージや使い方が異なるであろうこの単語、実はその語源を辿ると「馬車道」、すなわち、馬車が通ったあとの「轍《わだち》」を意味するラテン語に行き着くとされている。

ちなみに、英語では履歴書のことを「ＣＶ」と呼ぶが、これもラテン語の curriculm vitae の略称で、その原義は「人生の道のり・道筋」だ。

つまり、キャリアとは本来、その人が歩んできた道筋であり足跡、いうなればその人自身の人生の物語のことなのだ。

これを字義どおりに解釈するなら、まさに、人の数だけキャリアも存在するということになる。

キャリアとは、シンプルに自分自身がどう生きてきたかという問題であり、またそこからどう生きていくかという問題なのだ。

本章のみならず本書では、この定義に立ってさまざまなスポーツビジネスパーソンの「キャリア」をご紹介している。

同時に、それらが束となって一つの魅力的な組織を形成するさま、組織としてのキャリアが生まれていくさまをお伝えすることを目指している。

いつか誰かがつけていった足跡を感謝とともに辿るもよし、あるいはそこから外れて〝道なき未知〟を往くもよし。

キャリアという言葉が包摂しうる多様性と可能性は、本来それくらい幅広く、自由に満ちているのである。

第5章

異色のインターン生

弁護士、一時休業します

2023年11月、本書の取材がてら、久しぶりにPLMのオフィスを訪ねた。

従業員の大半が在宅勤務でガランとした空間の一角に、海外出身と思しき見慣れない長身の青年の姿を発見した。

挨拶がてら話しかけてみると、オーストラリアの大学からやってきた短期のインターン生とのことだった。

専攻はスポーツマネジメントだという。そういえば、PLMでは前年にも若干名、日本国内から若きインターン生を受け入れていた。

インターンシップとは、その本来の定義に従えば、学生のための就業体験のことだ。近い将来に本格的な就労を控えた学生が、ビジネスの現場で一定期間、実際の業務を経験する。

企業側にとっても採用候補者との接点としてメリットがあり、学生と企業が互いを正確に知り合うためのコミュニケーションの場として機能する。

第5章

異色のインターン生

以上が一般的な「インターン」の意味するところだが、2018年冬、この定義の枠から完全にはみ出した、前代未聞のインターン希望者がPLMに現れた。

学生でもなければ、転職先を探す第2新卒世代でもない。企業法務分野で働く現役バリバリの弁護士、稲垣弘則、34歳だ。

その所属先である西村あさひ法律事務所は、法務業界内で4大法律事務所と呼ばれる日本最大手の一角で、在籍弁護士数は国内最多の800名以上。

顧客に名を連ねるのは、誰もがその名を知るようなトップクラスの大手企業ばかりだ。

稲垣は同志社大学法学部を経て京都大学法科大学院を優秀な成績で修了し、同事務所においてM&A（企業の合併・買収）を扱うチームで企業法務のキャリアを歩んできた、正真正銘のエリート弁護士である。

そんな人物が突然、実質的に弁護士業を一時休業するようなかたちでインターンとしてPLMに加入し、セールス&マーケティングを中心に事業開発を扱う部署で見習いを始めた。

法務を取り扱う弁護士としてではなく、あくまでスポーツビジネス見習いなので、電話営業やメール営業といった「誰もが通る道」からのスタートだった。

弁護士業務では文書作成ソフトしか使ったことがなかったため、それまでまともに触ったことのなかった「エクセル」や「パワーポイント」の使い方も、実質イチから勉強した。

一定数以上の弁護士を抱える法律事務所では、通常アソシエイトと呼ばれる立場で弁護士のキャリアをスタートする。

配属されたチームの補佐的役割をこなしながら業務経験を積み重ね、やがて、然るべき勤務年数とともに然るべき実績を上げた者は、事務所の経営に参加する資格をもったパートナーと呼ばれる立場に昇格する。

この仕組みをもつ大手事務所に入った弁護士であれば、まずは1年でも早いパートナー昇進を目指すのが自然な目標であり、生き方となる。

そうしたキャリアの途上、出向というかたちで一定期間、関係先企業に籍を置いて働く者も一定数存在する。

ただし、これはあくまで資格をもった法律家としてであり、出向先の法務部で弁護士業務にあたるのが常だ。

第5章

異色のインターン生

大手事務所でパートナー昇進の審査を数年後に控えたアソシエイト弁護士が、事務所と何の縁もなかった小規模なスポーツビジネスの会社で、よりにもよって法律業務以外に従事することを前提に、自ら希望してインターンを行う。

まさに前代未聞の出来事だった。

しかしながら、遠回りどころか無駄足と見られても仕方がないこの選択こそ、のちにそれまで存在していなかったスポーツ法務専門チームを事務所内に立ち上げ、現在も日本国内における同分野の最先端を引っ張るパイオニアとして活躍を続ける稲垣弘則の、一世一代の大英断だった。

当時、この一見不可解なインターン生を受け入れたPLMという企業の柔軟さもまた、あわせて特筆しておきたい。

突然、難病を発症する

企業法務業界きってのエリートながら、いまだスーツもネクタイも数えるほどしか持っていない稲垣が弁護士を志したのは、高校生の頃だった。

通っていた学校の体育祭で全体チーフを務めたとき、大変ながらもやりきったあとにみんなから感謝されたことの喜びが深く心に残り、「人の役に立って、人から感謝される仕事」に就きたいと考えた。

そんな折、不動産業を営んでいた父親から弁護士の友人を紹介され、その仕事について話を聞く機会があった。人の役に立って、人に感謝される。まさに、自分にピッタリな職業だと思えた。

附属高校からの内部進学で地元京都の同志社大学法学部に進学した稲垣は、司法試験合格を目指してひたすら勉強に励んだ。

サークルや飲み会といった、いわゆる大学生らしい活動にも半年ほど関わってみたが、たいして充実感を得られず、そこから先はとにかく勉強しかしなかった。

第5章

異色のインターン生

これは比喩でも何でもなく、何事も一度これと決めたら極端な稲垣の場合、本当に文字どおり、寝食以外はほぼ勉強しかしなかったのである。

高校時代の体育祭の一件や、弁護士を目指した動機からもわかるように、本来はきわめて社交的で人への興味も強い、いわゆる典型的な「人たらし」の部類に入る人間だ。

にもかかわらず、自身の夢に向かう勉強のため、人付き合いすらもほとんど絶ち、ひたすらテキストや判例に向き合う日々を送った。

迎えた3年次の司法試験本番、1次試験は突破するも、2次の論文試験で一歩及ばず不合格。そこから1年、さらに徹底した論文試験対策を行い、今度は合格が確実視される状況で二度目の試験を迎えるが、ここで思いもよらぬ試練に襲われる。

突然、ペンを持つ利き手が動かなくなったのだ。本番1カ月ほど前から徐々に手を動かすのが難しくなり、最終的にまったく書けなくなった。書こうとすると思考が止まり、そのまま手も止まって動かせなくなってしまうのだった。

結局、試験本番も手が動かせず、まともに回答を書けない状態で二度目の不合格となった。もともと大学在学中の合格を目指していたが、気持ちを切り替えて法科大学院に進学した。

実は、大学院入試でも同じように手が動かず、名前すら普通に書けない状態だったが、震える右手を左手で無理やり抑えて書き進めながら、何とか合格を勝ち取った。ちなみに、医師の診断では腱鞘炎の延長にあたる症状ということで、何も書かないことがいちばんの治療といわれていた。

結果的には誤診だったのだが、当時の稲垣としてはその診断を受け入れるしかなく、半年間テキストを読むだけの勉強で、一度も字を書くことなく試験本番を迎えての合格だった。

こうして辛うじて大学院合格を勝ち取ったとはいえ、動かない右手がそれで治ったわけではない。

1年目前期の試験だけはパソコン受験が認められたものの、そののち学内の方針が変わって「公平性」の観点から不可能となり、稲垣にとっては万事休すだった。やむをえず事務局に相談したが、ひとまず受験するようにいわれ、もはや字とも呼べないような字で無理やり答案用紙を埋めた。

試験後に呼び出され、教授陣との面談が行われることになったのだが、そこでもなかなか実情を理解してもらえず、挙句の果てには「左手があるでしょう」と言われてしまう。

やるせない気持ちだったが、それでもペン習字セットを買ってきて、不屈の精神でイチから左手で書く練習を始めた。

壮絶な逸話であるが、ここでついに稲垣の人生を変える〝助け手〟が現れる。検事出身で刑事法を担当していた竹中ゆかり教授が、稲垣のただならぬ状況に気がついて声をかけてきてくれたのだ。

大学院側の煮え切らない対応を知った彼女は強い憤りを隠すことなく、自らが上層部に掛け合うことを約束し、そのうえで稲垣自身には神経内科の受診を勧めた。

それまで整形外科にしか行ったことがなかった彼は、即座に神経内科を受診し、そこで初めて「局所性ジストニア」という病名を知ることになる。

「書痙《しょけい》」とも呼ばれる難病で、文字どおり、字を書こうとする際に手の震えと前腕の痛みが発生する書字障害だった。

発症要因は、同じ作業を繰り返すことによる手指の酷使、つまり、稲垣の場合、あまりに勉強に打ち込みすぎたことが理由と思われるとのことだった。

夢に向かって誰よりも真剣にペンを握り続けたことによる、あまりにも皮肉な代償だった。

とはいえ、これでついに診断書が下りることになったため、あらためてパソコン受験を申請することになった。

治療法については当時三つの選択肢が提示されたが、記憶力減退の可能性をともなうなどいずれも高リスクで、とくに弁護士を目指す稲垣にとっては踏みきれないものばかりだった。

その旨も含めて大学院側に伝え、竹中教授のサポートも受けながら自ら交渉を行った。この結果、教授陣のうち当初は難色を示す側にいた人たちも、やがて、稲垣をサポートしてくれるようになった。

この行動力と交渉力を見るに、すでに弁護士としての才覚を発揮していたといえよう。

こうして、ついに正式にパソコン受験が認められた稲垣は、大学院生活2年目、何にも妨げられることなく本来の実力を発揮し、トップの成績を修めることになる。

その後、大学院修了とともに迎えた司法試験においても同じく交渉を行い、史上初

異色のインターン生

のパソコンでの受験者となった。

結果は合格。壮絶な痛みと辛苦を経て、ついに勝ち取った夢への切符だった。1年の司法修習を経て、いよいよ弁護士として働くことが可能になった。

スポーツ弁護士を目指して

ところで、弁護士といえば一般的によく知られているのは、法廷で原告と被告どちらかの側について弁護を行う姿だが、その働き方にはいくつかの種類がある。

地域密着型で、個人や中小規模の企業をおもな顧客にする「町弁」と呼ばれる弁護士もいれば、企業の法務部門に所属して働く「インハウスローヤー」と呼ばれる弁護士、あるいは大企業をおもな顧客として法務のアドバイスを行う事務所で働く弁護士もいる。

もともと人助けがしたかった稲垣が、当初、イメージしていた将来像は「町弁」だったが、もう一つ興味を引かれる分野があった。

スポーツ法務である。きっかけは、高校までプレーしていたサッカーの世界で、海外移籍を志す日本人のプロ選手が、ときに法務上の苦労を抱える事実を知ったことだった。

調べてみれば、日本におけるスポーツ法務分野はまだまだ進んでいるとは言い難く、その道の専門家として選手のサポートができる人材は、明らかにもっと必要だと感じられた。そういう人助けの道もあると知った。

国際的に有名なサッカー代理人であるジョルジュ・メンデスの本からもおおいに刺激を受け、最終的にスポーツ法務の世界に飛び込むことを決意し、就職活動を行った。

結局、スポーツ分野にもっとも強いと定評のあった事務所からは内定を得られなかったが、同じく同分野を扱う弁護士が在籍しているという西村あさひ法律事務所から採用の通知を受け、司法修習後の２０１０年12月に正式に入所した。

壮絶な学生時代を経て、ついに夢が叶ったかに思えたが、残念ながら稲垣の苦労はここで終わらなかった。

もともと事務所の公式ウェブサイトの弁護士一覧を閲覧した際に、「スポーツ」がカテゴリーとして存在していたのを見て志望した経緯があった。

しかし、いざ入所してみると、広い意味でのスポーツ関連の案件を扱ったことのある弁護士がいただけで、メインの取扱分野としてスポーツ法務の枠組みやノウハウをもっているわけではなかったのだ。

つまり、スポーツ法務専門の部署はもっていない事務所だった。

思いがけない誤算だったが、結局、企業の合併・買収を手がけるチームに配属され、そこでアソシエイトとして経験を積むことになる。

それでも弁護士としての基礎を固めることは必須だと考えた稲垣は、前向きに日々の業務に向き合い、激務で知られる企業法務の世界で懸命に働いて20代を過ごした。

転機となったのは弁護士生活6年目、事務所内の制度を利用しての留学を迎えたタイミングだった。

スポーツ分野の弁護士を目指して、ついに本格的な動きを開始することにした。

本場アメリカのロースクールでスポーツ法学を1年学び、現地の法律事務所での実務研修を経て、その後は同じく本場であるヨーロッパ、とくに、サッカーの盛んなスペインとイタリアに拠点を移して出向を行うことを計画した。

南カリフォルニア大学ロースクールへの留学が実現し、アメリカ滞在2年目には、当初の計画どおりロサンゼルスのシェパード・マリン法律事務所（Sheppard, Mullin, Richer & Hampton LLP）に出向。

ここでスポーツ法務の実務に携わるかたわら、国内外スポーツ界における縦横無尽の〝開拓活動〟をスタートさせる。

第５章

異色のインターン生

とくにアメリカ国内では、日本でも人気スポーツである野球の本場ＭＬＢに強い関心をもち、どうすればＭＬＢに関われるかを必死に考えてリサーチした。

ＭＬＢ本体はもちろん、球団やエージェント事務所など数十を超える関連企業・団体に、メールや紹介を通じた熱烈な売り込みをかけ、あるときはアリゾナまで６時間かけて車を運転し、自ら現地の球団に売り込みを行った。

またあるときは、スポーツ弁護士が集まる某イベント会場にＭＬＢの重要人物が訪れると知り、同じく州をまたいで旅をして〝出待ち〟のようなことを行った。

さらに、アメリカで道を切り拓くために日本の人脈を経由したほうが良いと判断し、何度も自腹を切って日米を往復したこともあった。

周囲の同僚が驚くのをよそに事務所の大先輩たちに直談判し、人の紹介を頼んだことも一度や二度ではなかった。

とにかくスポーツの世界に行きたくて、競技も国も問わず、自分のアンテナに反応した個人や組織にアポイントメントを取りまくり、片っ端から会いに行った。

あまりにも勢い任せで動きすぎて、顰蹙《ひんしゅく》を買ったり、お叱りを受けたりする瞬間も国内外で少なからずあった。

この怒濤のような日々の中で辿り着いた人物の一人が、ＭＬＳ（メジャーリーグサッカー）やバルセロナ国際部を経て自ら起業し、ニューヨークに拠点を構えてさまざまなビジネスを手がけていた中村武彦だった。

忙しく各地を動き回る中村を捕まえて対面するのも一苦労だったが、最終的に現地で時間をつくってもらった結果、紹介されたのがＰＬＭであり、そのＣＥＯである根岸友喜だった。

中村は、ハワイを舞台に国際サッカー大会「パシフィックリムカップ」を自ら主催するなど、国際的なビジネスの場で活躍するかたわら、Ｊリーグクラブをはじめとする複数の日本のスポーツ関連企業・団体でアドバイザーを務めており、その一つにＰＬＭがあった。

スポーツ界で有力なインターン先を探していた稲垣に、いくつかの企業やチームを候補として挙げてくれた中村だったが、なかでもＰＬＭはオススメということだった。

留学生活の合間を縫って実に数百人近い人々と会って言葉を交わしてきた稲垣だったが、根岸との出会いはとりわけ印象に残るものだったという。

とにかく驚くほど頭の回転が速く、ＰＬＭにおけるビジョンもミッションもきわめて明確に整理されており、それでいて人を大事にし、リーダーとして職場の雰囲気を気にかける姿勢に敬意と好感をもった。

率直に、この人が率いる組織に興味があると感じたし、この人のもとでビジネスパーソンとしての成長を経験したいと思った。

また、日本国内の企業ながら、根岸自身が積極的に海外出張を行っていたり、中村をはじめ、アメリカを拠点として活躍する複数のスポーツビジネスパーソンをアドバイザーに迎えたりしているところも魅力だった。

この会社に関われば、自分がアメリカのＭＬＢやＮＢＡで得たいと考えていた知見が同時に得られるような気がした。

南カリフォルニア大での１年、現地法律事務所での１年に続く次なる出向先としてヨーロッパを予定しており、プランＢとしてアメリカに残る選択肢もあわせて検討していた稲垣だったが、最終的に、思いきって当初の予定とは異なる日本のＰＬＭに的を絞ることにした。

もともと稲垣が志していたのは、日本のスポーツビジネス産業の健全化と成長を促進することであり、最終的な自身の活動の場は日本に求めるつもりだった。

それゆえ海外の最先端を学ぶ大切さは理解しつつも、日本のスポーツ界の事情や現実を知らぬまま〝海外かぶれ〟のようになってしまうことは避けたかった。

日本のスポーツビジネスの現状を肌で感じて学びながら、同時に海外の最新の知見も取り入れられるＰＬＭの環境こそ、自分が求めていた理想に限りなく近かった。

保守的で変化を好まないイメージのあったプロ野球界らしくない、進取の気性に富んだ社風にも共感を覚えた。心は決まった。

スポーツビジネスの現場で得た宝物

こうと決めれば動くのみである。根岸に自らの思いと希望を伝え、同じく事務所にも伝えた。

海外出向の希望を提出して留学に出ていた所属弁護士が一転、国内企業でのインターンを希望するなど前代未聞だったが、ときに盾となって背中を押してくれる複数の理解者にも恵まれて、何とか実現にこぎつけた。

そうした理解者の一人である、同事務所のベテラン弁護士に、イレギュラーで前例のない行動を取り続ける稲垣について、本人のいないところで尋ねてみたことがある。

「ああいうふうに志をもって、身銭を切ってでも必死に頑張って動き続けるような奴は珍しいよ。本来、ああいう人間こそ事務所としてサポートしたらなあかんねん」

事務所の重鎮の一人として、この型破りな若き後輩の姿を頼もしく感じている様子だった。

こうして稲垣は2018年、異色のインターン生としてPLMに加わった。

弁護士としてではなく、あくまでスポーツビジネスパーソン見習いとして虚心坦懐にイチから学ぶことになった。自らのキャリアを長い目で見たときに、そうすることこそが重要で意義があると信じた。

引き受け先となった部署の採用枠がちょうど埋まった直後だったこともあり、無給でのスタートになることが条件だったが、それすらも決断の障壁にはならなかった。

当初は数カ月の予定だったが、最終的には事務所からも正式な出向扱いとして認められることになり、インターンから出向社員の立場に昇格した。結局、トータルで2年近くPLMの一員として働いた。

同僚となったメンバーたちとともに海外出張も経験し、業務の合間に何度も食事をともにして語り合い、社員旅行にも参加した。

業務の面でも、大手法律事務所に所属する稲垣ならではの豊富なネットワークの一部をPLMとシェアすることで貢献しただけでなく、スポンサーセールスにおいて自ら案件を獲得し、パ・リーグ6球団のうち3球団が参加するプロジェクトになった。

弁護士業を実質一時休業してまで選んだこの濃密な日々のなかで、もっとも心に残ったこと、意義を感じた出来事は何だったか、稲垣本人に尋ねてみた。

すると、第2章にも登場した辻彰徳が、ふとした瞬間に何げなく発した一言だという。

当時、「パ・リーグTV」ではなく営業の仕事をしていた辻は、同じく営業に従事していた稲垣と行動をともにすることも多く、その日々のなかでふと、こう言ったという。

「稲垣さん、もうすっかり野球界の人ですね」

あらためて辻に確認したところ、当の本人はよく覚えておらず、

「僕、そんな偉そうなこと言いましたっけ?」

と恐縮していたが、だからこその値打ちがあったのだろう。企業法務弁護士だった稲垣にしてみれば、「あちら側」だったスポーツ業界のど真ん中で働く、しかも、自らもずっと野球をプレーしてきた過去をもつ辻のような社員が、何でもない瞬間にポロリと発したその一言だからこそ、深く心に響いた。

一つ何か意味のあることを達成できたような、スポーツビジネス界の当事者として認められたような心地がした。

やがて出向を終えた稲垣は所属先の事務所に完全復帰し、同事務所内で初めてのス

ポーツ専門プラクティスの立ち上げに尽力。同じ志をもつ同僚たちも集まり、本格的にスポーツ法務を扱える体制がついに誕生した。

とくに、DX（デジタルトランスフォーメーション）分野に可能性とやりがいを見出し、初の著書として『DX時代のスポーツビジネス・ロー入門』（中央経済社）も出版した。

中村と同じくPLMのアドバイザーを務めていた、元ロサンゼルス・ドジャース球団職員（当時。現在は同球団職員に復帰）でアメリカ在住の佐藤弥生が、監修者として労を惜しまず協力してくれた。

現在の稲垣は、スポーツ分野に事業領域や関心をもつ複数の大企業とともに立ち上げた「一般財団法人スポーツエコシステム推進協議会」の代表理事として、日本のスポーツ産業の健全化と成長というかねてからの本懐に向けて、いよいよ具体的に動き出している。

２０２３年12月、東京都内の会場で行われた同団体の立ち上げイベントには、関連企業・団体のほか現役アスリートを含むスポーツ界の当事者たちが多数参加し、稲垣自身もモデレーター・パネリストとして登場した。

ＤＸをはじめ、日本国内の法整備がまだまだ追いついていない諸分野へのアプローチなど、取り組むべき課題は多いが、持ち前の情熱と行動力で動き続けてきた稲垣が歩みを止める気配はない。

あらためてＰＬＭに話を戻すと、同社の採用方針と組織づくりに関して根岸が常々口にしていた言葉がある。それは、

「ＰＬＭを経験した人は、その後、どこに行っても活躍できるような、そういう会社にしたい」

というものだ。これは同社の採用サイトにも当時、そのまま掲載されていたフレーズである。

スポーツ界内外での人材流動性が高まることを積極的に肯定したうえで、ＰＬＭを経験したメンバーが各転職先で活躍する未来も、ＰＬＭが掲げているビジョンの一つだった。

現在の稲垣は、まさにそのビジョンの体現者の一人として、日本のスポーツ界のために活躍し、そして奮闘し続けている。

ちなみに、そのほかの元社員を例にとってみても、セ・リーグ球団で活躍していた

り、スポーツ分野で独立起業して新たな価値を創造していたりと、各方面で飛躍を遂げている者多数である。

プロ野球の伝統を背負いながら挑戦を選び続けるＰＬＭと、エリートの肩書や立場にとらわれることなく打席に立ち続けた一人の弁護士の、幸福にして運命的な出会い。日本のスポーツビジネス史を語るうえで、実は決して小さくない重要な出来事だったと、のちに記憶される日もくるかもしれない。

第6章

リアル〝パシフィック〟を目指して

ＰＬＭの海外事業

ご存じのとおり、プロ野球パ・リーグの「パ」は「パシフィック」を意味する。「太平洋」を表す英単語 Pacific をカタカナ表記したものだ。

そのパシフィック・リーグ6球団がともに設立したＰＬＭこと Pacific League Marketing（パシフィックリーグ・マーケティング）も、同じく「太平洋」をその名に冠した会社ということになる。

この名前を反映して、ＰＬＭのコーポレートカラーの青色には、密かに「パシフィック・ブルー」という名がつけられている。それは、6球団それぞれのチームカラーと重ならないことも重要だった。

また、現在使用されている企業ロゴも、太平洋を渡る船の形をイメージしたデザインになっている。そんな〝パシフィック〟の雰囲気を漂わせるブランディングを主導した根岸が、あるとき、冗談とも本気ともつかぬ表情――おそらく冗談のように見せた本気――でこんなことを語っていた。

「われわれはパシフィックリーグ・マーケティング、つまり太平洋ですから、いっそ太平洋全域が商圏と考えてビジネスをやればいいんです。なんならパシフィックなので、ロサンゼルスにオフィスを構えても良いくらいに思っています。だってパシフィックですから」

そんなCEOの積極的な海外志向も手伝ってか、村山前CEO時代に海外向けの放映権販売を開始して以来、現在に至るまで少しずつ〝パシフィック〟、すなわち海外領域を開拓し続けている。また、遠く太平洋の対岸に位置するアメリカから、最先端の情報や知見を取り入れることにも積極的だ。

たとえば、在米スポーツビジネスコンサルタントとのアドバイザリー契約だ。

西海岸はカリフォルニアに拠点を置く佐藤弥生は、合計13年間にわたりロサンゼルス・ドジャースで球団職員として務めた実績があり、誰よりもMLBのビジネス現場を知る日本人の一人だ（2024年より再び職員に復帰）。

しかも、佐藤の場合、チーム側で選手サポートやスカウティングに携わった経験と、スポンサーシップやマーケティングを扱うビジネス側で働いた経験の両方をもつという意味で、さらに稀有な経歴の持ち主である。

ロサンゼルスから最新の知見や情報を提供するとともに、パ・リーグ主催試合の放映権販売などの海外事業のほか、PLM社員によるアメリカ出張時のコーディネートやネットワーキングなどを4年にわたりサポートした。

東海岸では、ニューヨーク市に拠点を構えるスポーツコンサルティング会社ブルーユナイテッドのCEO中村武彦が、同じくPLMのアドバイザーを務めてきた。

前章の主人公である弁護士の稲垣弘則をPLMに紹介した人物だ。サッカー畑出身の中村は、アメリカMLSや、スペインサッカーの名門FCバルセロナ国際部で働いた経験から、自らコンテンツホルダーになることの重要性を実感し、起業してハワイを舞台とするプロサッカーの国際大会「パシフィッククリムカップ」を開催した（まさに、太平洋を舞台にしたスポーツビジネスである）。

中村も佐藤と同じく、自身がもつ知見や人脈を生かしてPLMをサポートしてきた。たとえば、スポーツマネジメント分野におけるアメリカトップクラスの名門、マサチューセッツ大学アマースト校のビジネススクールとPLMが業務提携を結んだのも、同大学のOBであった中村の仲介によって実現したことだった。

また、第1章でもふれたように、とくにコロナ禍前のPLMではCEO根岸の強い信念のもと、社員を積極的に海外出張、とくにアメリカに送り出していた。
その際には代表取締役として、会社に対する何らかの成果を持ち帰ることも一応求めはするものの、本音ではとにかく、本場のスポーツをスタジアムで観戦し、いちファン、いち観客として純粋に楽しむ経験をすることこそが、最終的にビジネス面でも生きてくるものと確信していた。

ＰＬＭ本体の事業面に関していえば、台湾への放映権・配信権販売が海外事業のなかでも主要なものの一つだ。台湾では、ネット配信のみならずケーブルテレビでパ・リーグの試合を放映している。これは、日本国内のテレビ放映権は各球団が個別に管理しているのに対し、海外においてはインターネット配信権だけでなく、テレビ放映権も6球団一括で管理しているためだ。

ＰＬＭ設立当初は、海外でのパ・リーグの試合のテレビ放送はまだ実現していなかったため、「6球団でまとまってやったらいいこと」をニッチとして追及するＰＬＭが、テレビもインターネットも一括で放映権・配信権をとりまとめ、海外向けに販売することになったのだった。

日本のプロ野球は台湾でも人気があり、とくに地元出身の陽岱鋼《ようだいかん》選手がファイターズで活躍していた時代には、彼自身の母国での英雄的人気もあって、その出場試合を観たがるファンが非常に多かった。

そうした背景もあり、もともと台湾向けにはファイターズが独占的に放映権を売っていた。

しかし、この枠組みには一つ問題があり、ビジターでの試合に関してはファイターズの管轄外のため、放映権を売ることができなかった。この状況を踏まえ、ファイターズ自らがリーグ全体での海外放映権管理を提案し、ＰＬＭがその任を請け負うことになったのだった。ここでも、リーグビジネスカンパニーの存在がおおいに貢献したといえよう。

この台湾を基軸に複数の国や地域を相手にビジネスを進め、ときには挫折しながらも着実にノウハウを蓄積し、海外事業を育ててきたＰＬＭに、２０２０年、アメリカでのビジネス経験をもつ本格派の「海外人材」が加入する。

スポーツビジネスの道を志して渡米し、現地の大学・大学院を卒業後、米国公認会計士（ＵＳＣＰＡ）として大手監査法人に勤めた経験をもつ髙木隆である。

日本に帰国後は、国内スポーツアパレル企業への勤務を経て、前職の大手監査法人のグループ企業で企業評価の業務に従事したあと、ＰＬＭに加わったというのが高木の略歴である。

このように渡米後からの経歴を簡略化して記述すると、前章に登場した稲垣と同じく、高木の辿ってきた道もまた、一見するとエリートのキャリアそのものである。しかし、そこは個性派が集まるＰＬＭである。稲垣のケースと同じく、あるいはそれ以上に、高木の歩みも泥臭い。

アメリカでは〝ドリームジョブ〟（夢の仕事）と呼ばれるスポーツの仕事を、まさにその本場で志した過去をもつ高木が、いったい何を考えて、どのような道を歩んだ結果として、現在のＰＬＭに活躍の場を見出すに至ったのか。

そのキャリアを振り返りながら、海外事業を中心とした新規事業開拓におけるＰＬＭの挑戦をあわせて見ていきたい。

それは、ゼロからスポーツ業界を志すすべての人にとって、おおいなるインスピレーションになる物語でもある。

高卒フリーターからの一念発起

だ。

髙木は、幼い頃に始めたサッカーにのめり込み、そのまま高校まで真剣に打ち込んだ。

迎えた大学受験では、教育分野に興味があったため小学校教員を目指して地元大阪の大学を受験。自分なりに真剣に勉強して臨んだが、あえなく不合格。これが最初の転機となるのだが、同じく合格をつかめなかった同級生たちが軒並み浪人を選択するなか、髙木はこの一度の挫折で大学受験からの完全撤退を決め、アルバイトで生計を立てる生活をスタートさせる。いわゆるフリーターである。

周りの同級生たちからは明らかに疑問の目で見られていたが、当時は不思議と気にならず、この少々珍しい決断に対し両親もとくに何も言ってこなかった。

その一方で、母校でもあった地元の小学校のサッカー部に、外部指導者として関わる機会を得たため、夜は居酒屋のバイトに勤しみながら、日中はボランティアのコーチとして小学生たちとともにボールを蹴る生活を送ることになった。

第6章

リアル〝パシフィック〟を目指して

もともと小学校教員を目指していた髙木には、この指導者としての活動が面白く、平日だけでなく週末の対外試合や遠征にも帯同するなど、充実した日々を送った。

そのまま2年の月日が流れたが、サッカーを通じて選手としても人間としても飛躍的に成長していく教え子たちの姿に感銘を受ける瞬間がたくさんあった。

かつて自分自身も同じようにサッカーに育ててもらったことを思い出し、あらためて、スポーツが人の人生に対してもつ可能性や影響力の大きさを実感した。

この気づきをきっかけに、初めてスポーツに関わる仕事について真剣に考え始めた髙木は、手始めにインターネットで情報収集を行い、その結果、「スポーツマネジメント」なる分野の存在と、その本場であり最先端をいく場所がアメリカであることなどを知った。

この未知なる世界に強い引力を感じた髙木は、あらためて将来はスポーツ経営に関わる仕事に就くこと、そのためのステップとしてのアメリカ留学を真剣に目指すことを心に決めたのだった。

大学受験での挫折から約2年を経ての一念発起。

新たな道への再出発には、回り道どころかまったく遅くないタイミングだ。とはいえ、突然、渡米したいと思い立ったところで、二つのものがまったく足りていなかった。留学資金と英語力だ。

このうち、まずは資金づくりに取りかかるべく、2年働いた居酒屋を辞め、同じ飲食業界で4カ所でのアルバイトを掛け持ちしながら、文字どおり、毎日休まず働く生活を開始した。

具体的には、カフェが2店舗とバーが2店舗で、日中はカフェで働き、夜はバーで働いた。この選択は、もし途中でスポーツの道に挫折したとしても、バリスタとバーテンダーというかたちで手に職をつけられることを念頭に置いたものでもあった。

とはいえ、それはあくまで保険であって、ようやく見つけた新たな夢をあきらめるつもりなど毛頭なかった髙木は、この休む暇もない四重バイト生活を続けた。

しかし、これはあくまで渡米に向けた二つの準備のうちの一つにすぎない。

四つのアルバイトの合間を縫うかたちで、アメリカの大学の受験に必要な英語能力試験であるＴＯＥＦＬのスコアを伸ばすための勉強もしなければならなかった。

まずは実力確認にＴＯＥＩＣを受けてみたところ、スコアは９９０点中６７０点程度。現地の大学で学ぶにはまったく実力が足りていなかった。

第6章

リアル〝パシフィック〟を目指して

そもそも、海外渡航経験も友人を訪ねて数日、中国に行ったのみで、英語圏に関しては訪ねたことすらなかった。

多忙なアルバイト生活のなかで学習時間を確保し続けるのは、時間的にも体力的にもかなりハードだったが、とにかくわずかな空き時間を使って独学で勉強を続けた。

結局、最初のTOEFL受験の準備だけで2年の歳月が流れたが、満を持して受けただけに、スコアはまずまずのレベルだった。

気合いを入れ直し、さらに1年間アルバイトと英語の勉強を続けた結果、ついにミネソタ州の4年制大学への入学切符をつかむに至った。

一念発起の瞬間から、執念の3年越しでの留学実現である。ちなみに、留学エージェントを頼る金銭的余裕まではつくれなかったので、大学への出願手続きや受験の準備も、必死に身につけた英語を駆使しながら、すべて自分で行った。

この高木の3年間の挑戦は、条件的なことだけを述べるならば、信念と行動力、根気と体力さえあれば、理屈のうえでは誰にでも再現可能なことかもしれない。

少なくとも、高木自身は素直にそう考えていて、

「いやほんとに誰でもできますよ。何も特別なことはしてないですから」

と、誇るでもなく自然な口調で断言する。もちろん、「誰でもできることをやり続ける」というのは、実際、なかなか大変なことだ。

髙木自身はどんな心境で当時を過ごしていたのか、もう少し詳しく本人に尋ねた。

「まあ、たしかに今振り返っても相当ハードな日々でした。でも、当時の自分の感覚としては、大学受験に失敗して多少のドロップアウトを経験していたなかで、一度レールから逸れると、なかなか元には戻れない日本社会の難しさをひしひしと感じていたんですよね。だからこそ、このまま日本に居続けるより、とにかくまずアメリカに行ったほうが自分にも多くのチャンスがありそうだと思ったんです。もちろん、バイトとはいえ、バリスタやバーテンダーも真剣にやっていましたけど、自分としてはスポーツ界を目指すこの道に賭けるしかないんだと腹を括っていたので、とにかく働くのも勉強するのも必死でした。だから、当時は自分の選択にともなう『リスク』だとか大変さだとか、そういうことについて考える余裕自体がもう全然なかったです。本当に、いっぱいいっぱいでしたけど、何とか結果につながってよかったです。でも、信念さえもち続けていれば、本当に誰でもできることだと思います」

アメリカでの武者修行

こうして実質ゼロからの留学をついに実現した高木は、ミネソタ州立大学ムーアヘッド校での学生生活をスタートした。

3年次で希望する専攻に分かれるため、まずは一般教養課程で幅広い科目の授業を履修した。しかし、そもそも将来のスポーツ業界入りを明確に目指しての留学だったため、いうまでもなく希望の専攻はスポーツマネジメントだった（リベラルアーツ系の大学であったため、専攻選択のタイミングは3年次だった）。

大学でスポーツビジネスをしっかりと学び、そのまま日本で活躍する未来も多少想像しながら、そうした目標にまっすぐ向かうつもりで目の前の勉学に励んでいた。

ところが、高木の人生は転機の連続で、ここでもまた、人生の方向性を大きく変える決定的な出会いに遭遇する。

それはミネソタではなく、アメリカ特有の国内留学制度を活用して一時的に籍を置いたセントルイスの大学での出来事だった。

公開講座のなかに、地元のメジャーリーグ球団であるセントルイス・カージナルスのマーケティング担当者が登壇する授業があることを学内のポスターで知った。アメリカのプロスポーツ界の、まさに現場のプロフェッショナルがキャンパスにやってくるのだ。即座に受講を決意した。迎えた当日の講義終了後、同じくスポーツ業界を志望する数多くの学生の波を何とか掻き分けながら講師のもとへ辿り着くと、率直にいちばん知りたかった疑問を渾身のストレートで投じた。即ち、

「スポーツ業界に行くために、今の自分に何が必要か」

というシンプルな問いだった。幸いにしてまっすぐに質問を受けとめてもらい、真摯な助言が返ってきた。

「スポーツの仕事はアメリカでもドリームジョブなので、率直にいえば簡単に実現するとは決していえない。それでも本気で目指したいと思うのであれば、まずは、あまりスポーツにとらわれず、ビジネスの基礎をしっかり固めることをオススメするよ」

とにかく、スポーツマネジメントを学んでスポーツ業界に、と考えていた当時の高木には、思わぬ角度からの意外なアドバイスだった。そして、いざ言葉として受け取ってみると、きわめて真っ当で現実味のあるアドバイスに感じられ、素直に納得して

いる自分がいた。三度目の大きな転機が訪れた瞬間だった。

この助言を受けて、まず「ビジネスの基礎」を身につけるために最適な方法、またそれだけでなく、外国人である自分がビジネスの現場に携わりながらアメリカに残るための戦略をあらためて考え直すことにした。

そこで初めて、当時、多くの日本人留学生が会計士として現地の職を得ていた事実が目にとまり、自分もこの道を目指せばいいのではないかと考えるに至った。

ところが、個人的に会計学にはまったく適性を感じておらず、実際、以前大学で履修していた基礎クラスですら成績はC評価だった。正直なところ、そこまで興味があったわけでもなかった。

ずっとスポーツマネジメント専攻に的を絞って留学してきた自分が、このタイミングで突然これを専攻することを選ぶのか？　あらためてそう考えると、尻込みしてしまう気持ちも少なからずあった。

それでも、あの日もらった助言には確かなリアリティが感じられたし、何より最終的に目指す将来から逆算したとき、自分に取れるもっとも現実的な選択肢はこれしかないのだと理解も納得もできていた。覚悟を決めることにした。こうして苦手だった会計学を専攻に選ぶ方向転換を行ったわけだが、結果的に、この決断は吉と出る。

正式に勉強を始めて間もないタイミングで、ボストンキャリアフォーラム（多くの在米日本人学生が参加する就職活動イベント）に参加する機会があり、その場でまさかの世界的大手監査法人のインターンシップに採用されたのだ。

転機に次ぐ転機だったこともあり、その展開に振り回されないように何とか自分を追いつかせるので必死だったが、最終的にインターン先の上司の評価を勝ち取り、大学卒業後のジョブオファー（内定）を得ることができた。

かつて大学受験失敗で心が折れ、具体的な将来ビジョンもないままアルバイト生活を送っていたことを考えれば、信じられないほどの達成である。実際に髙木自身にとっても、アメリカ留学における一つの達成として嬉しい出来事だった。

しかし一方で、すでに冷静な頭で、目指す将来からの逆算を行う自分もいた。

内定自体は大変ありがたいし、千載一遇かもしれないこの好機に飛びつきたい気持ちもある。

それでも会計学を専攻に選んだ以上、中長期的に自分のキャリアを考えれば、そのまま学部卒で就職するよりも、修士課程を経て米国公認会計士の受験資格を取得してから就職するほうがプラスになるのは確実だった。

結局、学部卒での就職は見送り、ミネソタの大学を卒業後、ノースダコタの大学院へ進学することを選択した。

ところが人生、一兎に絞った者が二兎を得ることもあるもので、内定先の監査法人が高木のキャリアプランに理解を示し、結果的に修士課程の修了まで2年間待ってくれることになったのだ。

こうして無事に大学院までを修了した高木は、その世界なら誰もがその名を知る大手監査法人への就職を果たす。29歳だった。高校卒業から約10年、最初に留学を志したときから約7年の時が流れていた。

満を持して日本のスポーツ業界へ

この監査法人での仕事は4年間続けた。セントルイスの一件以来、個人的に掲げてきた「ビジネスの基礎を身につける」という目標もひとまず納得できるレベルに達し、英語を使って働くことへの自信もついていて、気がつくと30代中盤が見える年齢に差しかかっていた。

最終的に母国でスポーツの仕事に就くことを目指していた高木にとっては、年齢も無視できない要素で、一般的に伝え聞く日本の雇用慣行を考えると、遅くとも35歳くらいまでに帰国しないと、希望するかたちで就職するのは難しいだろうと感じていた。それに、「ビジネスの基礎」のために会計士になったまではよかったものの、アメリカでは職種によって発給ビザの種類が細かく決まっていたため、現地に残るなら原則、会計士として働くしか選択肢がないことも気になっていた。

こうした状況で、スポーツ業界への転身を思い描くことにも難しさを感じ始めていたため、会計士として働きながら、ひとまず帰国と転職へ向けた情報収集を行った。

リアル〝パシフィック〟を目指して

そのなかで、当時、急成長中だった日本のスポーツアパレル企業の求人を見つけ、その企業のビジョンに惹かれたこともあり、採用ページから直接応募。オンラインでの選考過程を経て採用が決まり、ついに帰国の日を迎えることになった。10年ぶりの日本での生活である。

帰国後、そのスポーツアパレル企業で1年働いたが、会計士の経験のみでは同じスポーツ分野でも希望する職種に就ける可能性が限られると感じたため、一度キャリアをリセットするつもりで、再びスポーツ業界から離れることにした。

以前働いていた監査法人のグループ企業に日本国内で転職し、ここで会計ではなく企業価値評価の業務に従事した。

将来的にスポーツマネジメント、つまり経営の道に進みたかったこともあり、自分に必要な経験を積める分野だと考えたためだった。

そうした明確な目的意識もあったため、そのまましばらくは辞めるつもりもなかったが、相変わらず転機というのは突然訪れるもので、あるときたまたま見つけたPLMの求人に心をつかまれてしまった。

日本最大のプロスポーツであるプロ野球で、試合のライブ配信を手がけるプラットフォーマーでコンテンツホルダーでもある同社なら、次のチャレンジの場として間違いないと感じたのだ。

スポーツ業界における自分のキャリアの基盤を、この会社でしっかりつくりたいという思いを面接で伝えた。個人的にルーツのあるサッカーではなく、野球の会社への就職となったが、スポーツそのものが人の人生に対してもつ可能性や影響力に魅了されていた高木にとっては、競技の違いはまったく問題にならなかった。

実際、プレーこそしていなかったものの、幼い頃から選手名鑑を繰り返し読み込むくらいには熱心な野球好きであり、ファンとしての観戦歴は長かった。実に17年越しで、本格的なスポーツ業界入りの夢を叶えたことになる。

最初に任された営業の仕事で、オンライン会議ツールなどを扱う外資系企業とのパートナーシップを獲得し、早速売り上げに貢献した。

最先端のスポーツビジネスに挑戦中

現在の高木は、PLM内でも英語と海外に強い貴重な社員として、放映権の顧客である台湾の放送局と毎週ミーティングを行っている。

先方から寄せられるさまざまな要望や提案に応えたり、視聴率とともにファンを増やしていくための施策をともに練ったりしている。

2023年7月には実際に台湾に足を運び、現地の野球チームである楽天モンキーズの試合会場で、パ・リーグ6球団の認知拡大のためのイベントを行った。

日本でも話題になった人気チアリーディングチーム「楽天ガールズ」のメンバーも、パ・リーグ球団のユニフォームを着用してPRに協力してくれた。

また同年9月には、台湾野球の観戦ツアーも企画した。

タイミングと募集期間の問題もあって惜しくも最少催行人数には届かなかったが、今度はもう少し準備を整えて再び実施したいと考えている。

本章の冒頭に紹介したとおり、実はけっこう本気でリアル〝パシフィック〟を目指すPLMは、潜在的な海外市場としての実現可能性や重要度によって、太平洋域の国や地域を中心に四つのカテゴリーに整理している。

昔から日本野球の人気が高い台湾は、そのなかでもTier《ティア》1に位置付けられており、PLMにとってもっとも重要な海外市場となっている。

日々、台湾のパートナーと連絡を取り合う高木は、スポーツを媒介にして、日本と台湾のビジネスハブになるような仕掛けを行っていきたいと考えている。夢が広がる話である。

もう一つ、これまでに高木が関わったなかでも、とくに興味深いのが、NFT事業だ。

NFTとはノン・ファンジブル・トークン、すなわち代替不可能なデジタル資産のことを指す。

暗号技術であるブロックチェーンを応用することで、デジタル資産ながら所有権を明確にし、数多のコピーとは異なる「本物」の証が付与されたかたちで保有できるもののことを指す。簡単にたとえるならば、鑑定書付きサイン色紙のデジタル版のようなものだ。

第6章

リアル〝パシフィック〟を目指して

ブロックチェーン技術の登場によって、さまざまな暗号通貨が誕生した時代の文脈のなか、コロナ禍のタイミングでNFTが一気に世界中で話題となった。

本場アメリカでは、各種プロスポーツにおいてNFT商品の開発・販売が始まり、PLMもこの流れに乗ってパ・リーグのNFT商品開発に乗り出した。相変わらずの進取の気性が発揮された挑戦である。

社内でこの案件の話が出た際に、何としても挑戦したいと志願したのが髙木だった。コロナ禍においてデジタル資産をどうビジネスにつなげていくかという、最先端のスポーツビジネスに携わる機会を逃したくなかった。

英語での海外事例収集などを自ら積極的に行って社内でのアピールを行い、念願かなって担当者に任命された。提携先企業とともに、2種類のNFTプロジェクトを動かしながら、新たな市場の開拓に知恵を絞った。

結果からいえば、日本でのNFT市場は思ったほどに伸びず、2024年前半でのサービス閉鎖がすでに決まっている。

根岸がCEO就任当初に決めた、空振り覚悟、アウト覚悟で打ち手を増やすという理念に則って、会社として挑戦を選んだ結果である。

打ち手がヒットに、叶うならホームランがいちばん良いことはいうまでもないが、当然ながら10割打者など存在しない。

私としては、打ち損じも含めた挑戦の連続によって新たなビジネス上の知見とノウハウを資産としていけること、そうした挑戦を奨励する社風そのものを、同社のポジティブな点として評価したい。

そのような社風のなかで求められるのは、社員一人ひとりが自ら考えて走ることである。第2章で、受注を取ってきた辻が契約書ごと自ら用意した一件を記したが、現在でも、社員自ら契約書を作成することがある（もちろん、最終的なリーガルチェックは顧問弁護士が行っている）。

髙木の場合も、英文契約書も含めて、毎度、自らその任を負ってきたが、そのことでむしろ根岸に感謝しているという。

英語・会計・法務がビジネスの三本柱という考えに立ってキャリアを歩んできた髙木にとっては、法務に関わる知識や経験こそが残された最後のピースだったからだ。

この〝自走〟が求められる自由と責任の環境で、引き続きスポーツビジネスパーソンとしての実力を磨いていくつもりだ。

日本野球、ついにアメリカへの逆輸入

本章の最後に、〝パシフィック〟関連でもう一つだけ特筆しておきたいことがある。日本国内の野球ファンにもあまり知られていないことだが、実は、ＰＬＭはアメリカでも放映権を販売している。

２０２０年、現地のスポーツ専門チャンネルで、同国史上初となるパ・リーグ６球団揃ってのライブ配信が開始されたのだ。

シーズン途中での放送開始となった２０２０年には約２００試合、続く２０２１年から２０２３年には毎年約４００試合の放送が行われた。

野球発祥の地であるアメリカで、日本のプロ野球が一定の需要を獲得し、実際に逆輸入のかたちで放送が行われていることは、日米野球史においても一つの注目すべき事実といえるだろう。

２０２３年のＷＢＣでは、元ファイターズの大谷翔平を中心に見事な結束を見せた日本が決勝でアメリカを破って優勝し、日本のプロ野球で活躍する選手たちの実力と

潜在能力を存分に世界に知らしめることとなった。

アメリカ代表の中心選手だった面々のなかには、すでに次回大会への出場意欲を表明している者もいる。ＷＢＣがさらに発展するなかで、侍ジャパンが常勝軍団化し、一方でＭＬＢに渡る日本人選手たちが今後も活躍を続ければ、日本のプロ野球の視聴観戦需要が拡大していく可能性も決して否定はできない。

そうなれば、いよいよ本格的な〝パシフィック〟ビジネス時代の到来である。

本場アメリカで呼ばれるように、スポーツの仕事が〝ドリームジョブ〟なのだとすれば、その仕事に就いた瞬間こそが、夢の達成ではなく始まりだ。せっかくなら、それくらいスケールの大きな夢を見たいものである。

第7章

COOは
少年野球コーチ

野球少年のトラウマ

PLMの執行役員にしてCOO（最高執行責任者）、園部健二の朝は早い。

平日は毎朝5時には起きてパソコンを開き、メールチェックやその日の業務の確認などを行う。

そのままいくつかの仕事を済ませると、野球用具の入った鞄とともに、運動着姿で家を出る。向かう先は職場ではなく、家の近くの野球グラウンドだ。

準備を進めていると、やがて登校前の小学生が5〜6人、グローブ片手に集まってくる。3年前から園部が監督を務め、区の大会で優勝も果たした軟式少年野球チームの選手たちだ。

都会の真ん中ゆえ、通常の週末の練習で使用する公園は、野球をするにはずいぶんと面積が限られている。必然的に練習内容はキャッチボールやフィールディングなど、基礎を徹底するようなメニューが中心になる。打撃練習に関していえば、まだ誰もいないグラウンドを借りて行う、この早朝練習が唯一の機会となるのだ。

第７章

COOは少年野球コーチ

練習後、児童たちは学校へと向かい、園部は帰宅してシャワーを浴びる。そして、朝食を済ませると、プロ野球界で働くスポーツビジネスパーソンとしての一日を、本格的に始めていく。翌日には再び朝練が待っているため、夜は早めの就寝を心がけている。

これが園部の平日のルーティーンだ。加えて週末や祝日は、少年チームの本格的な練習日もしくは試合日となる。

前述のように公園を使っての練習になるので、毎回ネットを張るところからのスタートだ。公私ともに、まさに年中無休で朝から晩まで野球漬けの生活である。

ＰＬＭを引っ張るリーダーの一人として、ある意味、これ以上の姿は考えられないほどの本格派野球人だといえよう。

あるいは、園部が指導する子どもたちのある保護者の言葉を借りれば、「完全な野球バカ」（そこにはもちろん敬意と親しみが込められていた）ということになる。

その姿を見ていると、幼い頃から野球一本で生きてきた元熱血高校球児といわれても何の疑いも浮かばないが、蓋を開けてみると、意外にもその辿ってきた野球人生はまっすぐではない。

1984年生まれ、千葉県市川市育ちの園部は、兄の影響で幼い頃から始めた野球の世界で育ち、中学までは強打者で鳴らし、実際に所属チームを通じて東京都内の強豪校からのオファーも受けていた。

しかしここで一度、園部は野球に別れを告げている。

「ノックノックノック！　ノックノックノック！」

中学時代、同世代のなかでは突出して大きな体と打撃センスを買われた園部は、未熟だった守備の技術を追いつかせるため、昭和的な体育会系指導がはびこる環境のなか、文字どおりの〝千本ノック〟を浴びながら半ば無理やりに鍛えられた。

チームメイトがダイヤモンド上でキャッチボールに精を出すなか、独りひたすらノックを受け続けた日もあったという。

その際に、具体的な技術指導や科学的な練習メニューを提供された記憶は残っていない。代わりに脳裏に焼きついているのは、ひたすら「ノック！　ノック！　ノック！」と叫び続けていた〝指導者〟の姿だ。

「当然、だんだん足もフラフラになって疲れ果てて、ついには意識も朦朧《もうろう》としてくるんですけど、そうなると実際、ほぼ無意識で捕れるようにはなるんですよ。実際にそれで守備は上達しましたし、たしかに根性も身についたと思います。でも、途中からは野球をするのがもう本当に嫌で、練習の時間が近づくと毎回お腹が痛くなっていました」

そんなふうに最後は嫌々続けていた野球だったからこそ、坊主頭に象徴される高校野球の世界には絶対に行きたくなかった。

高校時代の園部は、仲間を誘って早朝から学校に集まってバスケットボールに興じたり（早朝から集合するルーティーンは、この頃に確立されていたのかもしれない）、気になる女の子との放課後デートを楽しんだり、自分なりに思い描いていた「10代の青春」を精いっぱい満喫しながら過ごしていた。

しかし、迎えた3年の夏、高校進学後も野球を続けていたかつての仲間たちの試合を応援に行ったその日、必死にプレーする友人たちの雄姿に強く心を動かされている自分に気づいてしまう。

外から見ることで知った野球の素晴らしさへの前向きな気持ちと同時に、一度自ら野球に背を向けてしまった過去への強い反省と後悔の念が襲ってきた。

結局のところ、野球という競技そのものを憎んでいたわけではなかったのだ。

そんな思いから野球との復縁を誓った園部は、学生時代を経て社会人になってからも、自ら草野球チームを結成して野球をプレーするなど、再び野球とともに在る人生を送るようになっていった。

転機が訪れたのは、社会人として三度目の転職を意識し始めた頃だった。

新卒で入社した会社は直後に倒産が決まったため3カ月で退職し、スポーツと同じくらい愛していた音楽を扱う出版社を経て、大手ゲーム会社でセールス＆マーケティングの仕事に従事していた。

社内での出世を目標に、ビジネスパーソンとして実績を上げることにやりがいを感じる一方で、心からゲームを愛する同僚たちとの間に埋めようのない温度差を感じてもいた。

もともと野球漬けで育った園部は、同世代の多くの子どもたちと違って、まともにゲームにふれた経験がきわめて乏しかった。

根本的に興味をもてない商品を売っていくことの限界を感じるとともに、それでも一定の成果は出せている自分が本当に好きなものを扱う仕事をすれば、もっと活躍できるんじゃないかという期待も抱くようになった。

第7章

COOは少年野球コーチ

自分にとって本当に興味があるもの、好きなもの、愛しているものとは何か。

結局、答えは野球だった。自分という人間を形づくった野球というスポーツに対して、自分なりの方法で何か恩返しがしたい。セールスのプロとして培った経験を生かして、「お金を稼いでくる」というビジネス領域で野球に貢献しよう。

そう思って転職を考え、野球に関わる企業を幅広くリサーチした結果、見つけたのがＰＬＭの求人だった。

実のところ、すでに大企業の営業マンとして一定の実績を上げていたため、収入に関しては、いったん下がる覚悟が必要だった。

33歳。すでに結婚しており、まだ子どもも幼い。憧れはあるものの実態に関しては未知そのもののスポーツ業界への転職を前に、かなり迷う自分もいた。

それでも一度きりの人生、野球への想いを胸に覚悟を決め、挑戦の道を選ぶことにした。

「好き」を仕事に大活躍

こうして「野球への恩返し」を胸にPLMに入社した園部が最初に担った大仕事の一つが、第3章でも紹介したスポーツ業界専門の人材事業、「PLMキャリア」の立ち上げだった。

企画そのものは入社前から存在していたが、労働局からの許可取得や責任者講習の受講など、地道な作業を積み重ねながら、園部を中心にビジネスとして具体化させていき、無事にサービス開始までこぎつけた。

PLMという、スポーツビジネス界の最先端であり、ど真ん中の存在からこうしたサービスが登場したことで、業界内からも求職者側からも大きな期待が寄せられ、開始直後から多数のエントリーを獲得することができた。

園部自身も、エージェントとして数多くの面談を担当した。その後、第3章に登場した藤井のようなその道のエキスパートを責任者に迎え、着実に成長を続けている事業である。

この人材事業立ち上げをはじめとして、PLMにおいて園部が託されたミッションは、6球団への利益還元が前提の既存事業に加え、同社独自の商品を企画・開発・販売することで会社の売り上げを伸ばすこと、つまり、PLMを単体でも稼げる会社に変えていくことだった。

もともと営業の世界で活躍していた園部だ。売り物が心から愛する野球やスポーツに変わったことで、まさに〝水を得た魚〟のように活躍した。

開発サイドがつくったソフトやゲームをもっぱらセールス担当として販売していた前職と違い、商品そのものを自ら企画・設計する必要があったが、創造的な仕事ができることにむしろワクワクした。

園部が入社した当時、PLMの自社開発商材は、「パ・リーグTV」公式サイトのバナー広告枠など、まだまだ限定的だった。

球団と違って選手や球場を抱えていないなかで、いかにして魅力的な売り物を生み出していくか。

いろいろと試行錯誤を行ったが、一つヒントになったのは、当時は営業マンとしてバナー広告枠の販売などを行っていた辻が、何気なく発した言葉だった。

「何だかんだ、ウチは結局、動画なんですよね」

なるほど、動画か。じゃあ動画を売り物にして稼ごう。

当時、パ・リーグＴＶの試合動画を提供していた先は、Ｙａｈｏｏ！の「スポーツナビ」のみだった。

ほかのメディアにも売ればいいじゃん、と考えた園部は、あらためて商材を設計して営業を開始し、ほかの複数のニュースメディアとの間でも、試合のハイライト動画を提供する販売契約をまとめた。

また、第２章でＹｏｕＴｕｂｅ事業の躍進について詳述したが、この事業への注力を社内で提案し、道筋をつけたのも園部だった。

もともと、パ・リーグＴＶのＹｏｕＴｕｂｅチャンネルは動画配信そのものを目的として開設されたわけではなく、コンテンツの無断切り取りによる違法動画の蔓延への対策として公式アカウントを開設したものだった。

公式が存在することによって違法動画の公開停止を進めやすくなることを目的とした、いわば守備的な施策としてのＹｏｕＴｕｂｅであったのだ。

テレビゲームにまともにふれてこなかった子ども時代と同様、大人になったらなったでＳＮＳやＹｏｕＴｕｂｅについてはよくわかっていない、自称「昭和人間」の園部だったが、ＹｏｕＴｕｂｅでお金を稼ぐ人が出てきたことは知っていた。

あるとき、あらためてその商業的側面を知り、素朴な疑問が湧いた。

「これでお金を稼げるんだったら、ウチの会社もそのために使えばよいのでは？」

ＹｏｕＴｕｂｅを収益化するには、いくつか条件を満たす必要がある。具体的には、一定数のチャンネル登録者数や動画の総再生時間などだが、パ・リーグＴＶのアカウントを確認してみると、すでに条件を満たしていた。

念のため、ＹｏｕＴｕｂｅの親会社であるＧｏｏｇｌｅの社員に確認してみたが、やはり、収益化ボタンを押すだけで設定を完了し、開始できる状態とのことだった。

現在、パ・リーグＴＶの運営責任者を務める辻は、

「ＹｏｕＴｕｂｅを本格的に事業化できたのは完全に園部さんのおかげ」

と語る。当時、ＰＬＭにとって最大の売り物であったパ・リーグＴＶ、すなわち試合の動画コンテンツを無料で配信することに対しては、まだまだ懐疑的な声が大きかった。

パ・リーグＴＶの公式サイトではいくつかの動画を無料で公開していたが、無料で

観られるコンテンツを拡大させることで、もっとも重要なサブスク会員のユーザー獲得に支障が出ることなどが懸念されている状況だった。

球団が難色を示すことは容易に想像がつき、イノベーターの代名詞的存在であるCEO根岸ですら同じく消極的だった。

それでもお金を稼ぐプラットフォームとしてのTwitter（当時）やYouTubeの可能性を確信していた園部は、会社の品数と売り上げを増やすという自らのミッションに忠実に、根岸を説得。最終的に意見を変えさせるに至った。

「『あの根岸さんを説得した！』って、横で聞いていてびっくりしたのを今でも覚えています。けっこう衝撃でした」

とは、当時を振り返った辻の言葉だ。

その後、事業開発側で企画営業をメインの業務としていた辻をメディア側に配置し、YouTubeの責任者を任せたのも園部だった。

一般に、YouTubeの収益モデルは大きく分けて2種類ある。一つは、Googleを代理店として、動画自体の実績に基づいて支払われる広告料。

もう一つは、「企業案件」と呼ばれる、アカウント運営者が動画ごとに独自に獲得してきたスポンサーによる収益だ。

高い営業力をもつPLMは、動画そのものによる収益を着実に伸ばした一方で、動画単位での企業スポンサーも次々に獲得していった。これは、Twitterも同様で、投稿ごとの広告主を、やはり自ら営業して増やしていった。

こうして売り上げの面で大きく貢献したわけだが、結局、無料動画の公開というもっとも懸念されていた部分でもデメリットをもたらすことはなく、むしろ、呼び込みツールとしてパ・リーグTVの認知拡大に大きく貢献したかたちとなったので、率直にいって最高の結果であった。

とくにコロナ禍においては、観客を失ったことでビジネス的に苦境に陥った各球団に対して、YouTubeの収益を通じた還元を行えたことが、株主である6球団に対する最大級の貢献となった。

ちなみに、当の園部自身はいまだにSNSに疎く、X（旧Twitter）の使い方すらよく理解していないところがまた面白い。

二つの顔をもつ野球人

こうして、わずか数年のうちにPLMの品揃えと売り上げを次々に増やしていった園部は、入社翌年の2018年に部長、その翌年には本部長、さらに、翌年には執行役員となり、その2年後の2022年には執行役員COOに就任している。

「資本主義社会における株式会社である以上、原理原則的に会社としてもっとも貢献すべき相手は株主で、その方法はお金を稼ぐこと（ただし倫理や良識の範囲内で）」を持論とする根岸が、その原理原則に基づいて、もっとも大きく貢献した園部を抜擢した結果だった。

園部に関しては、「企業においてもっとも売り上げに貢献した人がもっとも評価されるべきなのは当然」と根岸自身が語るのを、私は何度も耳にしている（付言すると、YouTubeの一件で自らの意見をひっくり返して結果を出した人間に対し、余計な嫉妬にとらわれず正当に評価し報いる姿勢もきわめて真っ当だ）。

園部自身、「ビジネスパーソンになった自分は、お金を稼いでくるという方法で野球に貢献したい」との思いでPLMに入社した経緯があったが、まさに願ったり叶ったりである。

そんな「稼ぐ」ということに対して誰よりもシビアな、筋金入りのビジネスパーソンである園部が、一方でボランティアの少年野球指導者としての顔ももっているのは、きわめて興味深い。

数千円の会費と保護者によるボランティアで運営される少年野球は、同じ野球でもまさに「稼ぐ」の対極にある世界だ。

とくに園部の場合、週末の練習指導や遠征の引率、公園でなく野球場で練習するための予約作業のほか、平日も毎朝少年たちの朝練に付き合っているわけで、１円でも多く稼ぐことに全能力を傾ける本業とのギャップは凄まじい。

一見すると、なかなか極端なハイブリッド生活であるが、すべては「野球への恩返し」という信念のもと一貫している。

ところで、育成年代の野球といえば、少年野球から高校野球に至るまで、坊主頭の強制（あるいは半強制）や炎天下での試合に長時間練習、旧態依然とした非科学的指導の横行など、選手ファーストの観点においても教育的観点においても多くの問題が取り沙汰されている世界でもある。

　自らを「体育会系出身の昭和なアナログ人間」と称して憚らず、「言葉が荒くて保護者に眉をひそめられることもある」と話していた園部が、そんな少年野球の世界でいったいどんな指導を行っているのか、一度自分の目で見てみることにした。

　言葉どおりの体育会系で昭和な感じだったらちょっと嫌だな、と少し心配する気持ちもあったが、ともかく足を運んでみるのがいちばんだった。

まったく〝昭和〟じゃなかった監督・園部

2023年秋のある週末、その日はいつもの公園ではなく、都内の大きな公園のソフトボール場を借りて練習するということだった。

駐車場に車を停めて会場に向かうと、少年たちに混じってキャッチボールをしながら、ひときわ大きな声を出す園部の姿があった。たまたまだと思うが、PLMのロゴが入った社員用のジャージを着ていた。

「よーーーーーし！　みんな野球やっちゃう!?　今日も野球やっちゃう!?」

聞いていて思わず笑ってしまったが、明るく叫ぶ彼の呼びかけに呼応する少年たちの声もまた、同じくらい元気で潑溂としていた。

約2時間の練習をそのまま最後まで見学させてもらったが、最後まで和気あいあいとしており、少年たちが萎縮していたり、つまらなそうにしたりしている様子などはまったく見られなかった。

紅白戦中もベンチの面々が好き勝手に応援歌を歌っていて、何度か園部が音量を下げるよう注意はしていたが、ほどほどに言うことを聞きながらかまわず歌い続けていた。

一方で、練習の雰囲気自体は非常によく締まっており、何より野球素人の私にもわかるくらい、みんな明らかに上手だった。

少なくとも小学校4、5年生の動きではなかった。

練習の様子を見ながら、この監督が保護者や児童たちにはどう映っているのか、気になって何人かに尋ねてみた。

「怖い監督だとは思いますよ」と語ったのは、この日が救護の当番でベンチから練習を見守っていた、ある選手の母親だ。園部とはお互いの子どもが同学年で旧知の間柄だという（園部の息子もこのチームの一員だった）。

「3年前に園部さんが監督になって、間違いなく練習は厳しくなりましたけど、とにかく教え方がうまいんです。試合の日なんかはすごい声が飛ぶこともあるので、たしかに怖い監督だとは思います。でも、逆に、彼なりに工夫して柔らかく接しようとしたときは、かえって子どもたちのほうが『なんか変』とか『調子が狂う』とかいって、本当に調子が出なくなったりしていました（笑）」

第７章

ＣＯＯは少年野球コーチ

子どもたちにも率直に、「監督、どう？」と園部に聞こえないように尋ねたところ、自ら確かめるように何度か大袈裟に頷き、一言「いい人、いい監督です！」と短く答えてくれた。隣にいた子も頷いていた。

面白かったのは、「監督は人気ある？」と尋ねると、首を傾げたり、「わかりません」と答えたりする子が多かったことだ。

一方で、「良い監督だと思う？」と答えると、みんなまっすぐな目で「はい！」と即答だった。どう見ても、〝言わされていない〟感じが心地よかった。

せっかくなので、もう少し具体的な言葉も交えながら細かく話を聞きだしたところ、彼らの監督評における共通項として浮かび上がってきたのは、

「この監督についていけばもっとうまくなれる、もっと強いチームになれる」

という厚い信頼だった。やはりみんな、うまくなりたいのだ。

そこで肝心の練習内容だが、少なくとも私が見た限り、園部が自称する「昭和の体育会系人間」の姿はそこには存在しなかった。

「ノック！　ノック！　ノック！」

と叫びながら、ひたすら球を捕り続ける練習など皆無で、最初からそれぞれの守備

位置につき、一人ひとり順番に打席に入って園部がトスする球を打ち返していた。曰く、

「今日はこういうちゃんとした会場で練習ができる貴重な機会で、時間もないので、効率重視で最初から実践的に打撃練習と守備練習を同時にやっています」

とのことだった。

個人的に印象に残ったのは、紅白戦中のある場面だ。2塁ランナーだった選手が、リードを取っていたところ牽制球が飛んできた。その場は何とか帰塁して事なきをえたが、再び大きくリードを取ったタイミングで二度目の牽制球を刺され、あえなくアウトになってしまった。

ベンチに戻ってきた彼はその時点ですでに涙目に近かったが、園部監督は彼を呼び寄せると、

「今どうしてアウトになったと思う?」

と問いかけた。少年はアウトになったショックもあり、あるいは監督の問いかけと強い眼差しに臆したのか、うまく答えられず泣きそうな顔になっていた。

そんな彼に対して、監督は手を緩めることなく、

「何となくでアウトになったら、これからも同じ結果になるぞ」

とキッパリ告げた。なおも答えに窮する少年に、今度は少し言葉を変えて問いかけた。

「何でもいいから自分の考えを言ってみろ。こういうときには正解も不正解もないから、とにかく自分なりの考えを言葉にして言ってみろ」

それを聞いた少年がおもむろに口を開く。何かを伝える。しかし、声が小さく、十分に内容は伝わらなかった。

「いいか、こういうときに大きな声ではっきり話せる人間になれ。大事なことだぞ」

相手にも己にも妥協を許さない口調だったが、そこからは丁寧に質問を重ねながら、少年の意図と言葉を引き出していった。

「なるほど、牽制球が思ったより速かったのか。じゃあ、牽制がくることはわかってたか？」

「リードは何歩で取ってた？　7歩か。じゃあ、次は6歩でどうなるかやってみるといいかもな」

少年の〝失敗〟の原因を一緒に具体的に分析し、彼が理解、納得できていることをそのつど確かめながら、改善点も具体的に見出していく。結論が出たところで、園部は少年の肩を叩き、前向きな言葉がけとともに話を終えた。

表面上の言葉だけ見ていると叱責にも聞こえるが、その実、感情的に相手を裁くようなところはまったくなく、少年が己のミスと向き合って原因を具体的に把握し、次に同じ轍《てつ》を踏まないための具体的な行動を明確化させることに徹頭徹尾フォーカスしていた。

この数年で、急にみんなうまくなったというのも納得だった。

自分自身に対してはもちろん、自分が関わるどんなプロジェクトにおいても「何となく」を許さない。

そういう意味ではＰＬＭでの姿と同じで、実に園部らしい指導スタイルだった。いったいどこが体育会系、どこが昭和だ。

未来に寄り添う、野球への恩返し

後日、今度は彼のチームが普段練習をしているという都内の公園を訪ねた。

地下鉄の駅から地上に出ると、後ろに子ども用のシートが付いた自転車に乗って迎えにきた園部が、公園まで案内してくれた。

平日の午前中なので人はほとんどいなかった。見渡すと、決して狭い公園ではないが、チームに分かれて思いきり野球ができるほどの広さはない。

練習のたびに園部を含む何人かの大人たちが早めに来て、木と木の間にネットを張って即席の練習場をこしらえているということだった。あらためて、この練習環境でよくあそこまで上達したものだと思った。

せっかくの公園での取材ということで、この日は私もグローブとボールを持参し、同じくグローブを持ってきてくれた園部とキャッチボールをしながら話を聞くことにした。すでに紹介した、「ノック！　ノック！　ノック！」の思い出話は、このときにボールを投げ合いながら教えてもらったものだ。

ちなみに、園部自身はこうした過去の記憶に対し、必ずしもネガティブな受けとめ方ばかりはしていない。

むしろ、あのつらい練習を耐え抜いたことで間違いなく根性が身についたし、それが今の自分の基礎になっていると感じている。これだけ聞くと、たしかに、「体育会系の昭和の人間」にありがちなコメントだ。

実際、仕事観やコミュニケーションをめぐる若手社員との考え方のギャップにとまどっている姿を何度も見たことがあるので、基本的には彼の自己評価も間違っていないと見える。

興味深いのは、そんな園部が指導者としてはまったく別のアプローチを採っていることだった。

いわゆる昭和の体育会出身者が指導に携わるとき、もっとも問題になりがちなのが己の育ってきた時代の価値観や方法論の押しつけだ。

「自分の頃はこれが当たり前で、実際にそれで結果も出た。だから、みんなも同じことをやればいい」という、個人の閉塞した経験論に基づく「指導」は、野球に限らずスポーツ指導の現場で今もはびこっている。

しかし「何となく」を嫌う園部は、自分が受けてきたのと同じ方法に回帰する道を選ばなかった。

「喉が渇いたとか、トイレに行きたくなったとか、気持ち悪くなったとか、そういう理由で練習を抜けることに関しては何も言いません。ミスもべつにいい。ただし、『考える』ことをサボってミスしたときは、めちゃくちゃ厳しく言ってます」

一方で園部は、旧態依然とした少年野球指導の現場について、安易に古いタイプの指導者たちを裁く気持ちももっていないようだった。

「いわゆる〝昭和のおっさん〟の古いやり方が問題視されるのはわかりますが、一方で、そうしたおじさん監督たちのボランティア精神で野球の裾野が広がり、競技人口が支えられてきたのも事実なんですよね。だからこそ、一人あたり数千円の会費だけでこの状況が成り立ってきたという現実もある。一概に否定だけしていれば解決する問題でもないので、難しいところです」

自らはあくまで理にかなった指導法をベースに、「考える姿勢と力を身につけさせる」という、人間育成の観点から見ても優れたビジョンをもって現場に携わる園部だからこそ、その言葉には説得力があった。

そう伝えてみたところ、意外にも当人は自身のことを、こう言い切った。

「いえいえ、教育者でも何でもないです。あくまで野球の指導者であって、人間的な指導という観点はもっていません。ただ自分の少年時代の体験を踏まえ、やらされる野球よりは、自ら野球に夢中になれる環境づくりに注力したいと考えた結果が、現在の指導スタイルにつながっただけです」

野球においてもビジネスにおいても、「努力は夢中に勝てない」というのが園部の人生訓であり、逆にいえば、夢中になれれば頭も使うし、自然と結果も出やすくなると考えている。

園部の話を聞きながら、少年野球連盟は遅かれ早かれ、こういう人物をスカウトして舵取りを任せてみてもよいのではないか、と勝手なことを思ったりもした。

しばらく野球指導について話を聞いたあとは、素人の私の不格好な投げ方について園部から丁寧にアドバイスをもらい、実際に動きの効率も球筋もわずかながら改善したのが目に見えてわかった。たしかに、この監督のもとで練習したらうまくなりそうだった。

帰り道、園部が練習後に親子で立ち寄るという地元の老舗ラーメン店に入った。

第7章

COOは少年野球コーチ

野球と人を愛する園部が、同じくらい愛しているのがラーメンだ。コロナ前で外回りの仕事も多かった頃には、週に10食ラーメンを食べる生活を送っていた時期もあったという。しかも、必ずライスと一緒に注文する。

そんな食生活を続けていては体重が無限に増えてしまいそうなものだが、いつ見てもわりとシュッとしている。これについても尋ねてみたことがあったが、あまりに予想外な回答が返ってきたので、ここに記しておく。

「ラーメンを食べたら太る、実際にそういう人がたくさんいるってみんな言いますけど、そのぶん動けばいいだけの話です。それに、自分が太ることで『やっぱりラーメン食べたら太る』って思われてしまったら、それってラーメンのイメージを僕自身が毀損することになりますよね。みんなをラーメンから遠ざけるようなことをしておいて、それで本当にラーメンを愛しているっていえるでしょうか？　いえませんよね」

何事にも「何となく」を許さない園部は、自身のラーメンとの向き合い方までも徹底的に考え抜かれ、言語化されているのだ。ここまでくると詭弁の気配も漂っていて笑ってしまうしかなかったが、一本筋が通っていることは間違いない。

事実、この園部の言葉に妙に納得してしまった私も、ラーメンを自由に食べることへの妙な罪悪感を取り除いてもらった気がして、何年かぶりに多少頻繁にラーメンを食べるようになった。

昭和レトロな風合いの漂う昔ながらのラーメン店でチャーシュー麺をすすりながら、最後にPLMにおける今後の園部のビジョンについて聞いてみた。

「個人的な思いとしては、子どもたちを対象にした野球の普及事業には、いつか挑戦してみたいです。野球ファンが集まって一緒に観戦を楽しめる、コミュニティスペースの役割をもった飲食事業などもやれたら面白いですね。あとはPLMとしてということでいえば、やっぱりいつかは12球団がまとまってリーグビジネスを行う未来を、いち野球ファンとしても見てみたい気持ちはありますね」

PLM執行役員COOとしてプロ野球ビジネスを最前線で引っ張り、一方で野球の未来そのものである少年少女たちの野球人生に熱く寄り添う園部の「野球への恩返し」は続く。

本人はまだまだ返し足りない気持ちでいるのかもしれないが、当の野球のほうにしてみれば、すでにけっこうお腹いっぱいかもしれないと、再びママチャリに乗って去っていく園部の背中を見ながら思った。

エピローグ

野球大国日本で生まれ育ちながら、野球をプレーすることにも観ることにも一度もハマらず大人になり、逆に幼い頃から大好きだったサッカーに関わる仕事をしながら生きてきた。

それが40歳を前にして突然、繰り返し野球場に足を運び、自宅でも映像越しに試合の経過を見守り、運転中の車内でも選手たちの登場曲を流す生活を送るようになってしまった。

かつての己の無関心ぶりを思えば、なんだかまったく別の人生に迷い込んでしまったような感覚で、正直なところ、いまだに自分でも信じられない。

こうなった直接のきっかけは、小学生になったばかりの長男だ。

2022年のワールドカップ・カタール大会まではサッカー小僧だった彼が、日本

エピローグ

が劇的な優勝を飾った２０２３年のＷＢＣをきっかけに野球に魅了され、もっと観たい、やってみたいと言い始めた。

それならどこか贔屓のプロ野球チームがあったほうが楽しいだろうということで、現在、暮らしている埼玉県に西武ライオンズという球団があることを伝えた。

青は彼の好きな色だったし、強くてかっこいいライオンのチームだからいいんじゃないか、といったことを話した記憶がある。

そこから先はあっという間だった。球団ファンクラブのジュニア会員となった彼に付き添って、時間を見つけては一緒に球場に足を運ぶ生活が始まった。

瞬く間にライオンズ少年となった息子は、名鑑を片手に驚くほどの早さで選手の名前と顔と背番号を覚えると、投球フォームやバッティングフォームまで真似するようになった。こうなると父親として、慣れないグローブをはめて彼との練習に付き合うことになるのは必然だ。

ついには、息子自ら野球を習いたいと言い出し、今では週に1回、まさにライオンズの野球スクールに彼を連れて行く日々だ。

家の中でも、もともとはサッカー観戦のために加入していたＤＡＺＮで、ライオンズをはじめとしたパ・リーグの試合やハイライトを繰り返し視聴し、電車での移動中などでも、SNSやYouTubeの「パ・リーグTV」公式アカウント上で公開されているさまざまな動画を、親子で楽しむようになった。

これらはいずれも、本書の主人公であるPLMが、われわれの生活に届けてくれている、21世紀のプロ野球の景色だ。

その功績によって、かつて野球といえばテレビ放送の巨人戦しかまともに観ることができなかった日本の各家庭で、好きなだけパ・リーグの試合やプレーを楽しむことが可能になった。

2023年の日本シリーズ、ライオンズ少年のわが長男は、同じパ・リーグの球団だからという理由で、オリックス・バファローズを熱く応援しながら画面越しに観戦した。

願い叶わず、セ・リーグの阪神タイガースが38年ぶりの日本一に輝いた第7戦の後、彼は悔しさと悲しみに耐えきれず、布団に入ってからもひたすら泣き続けていた。

「パ・リーグが負けた」という事実は、少なくともそれくらいショッキングなことだった。彼にとって、プロ野球の主人公はあくまでパ・リーグなのだ。

エピローグ

毎日何らかのかたちでパ・リーグのコンテンツにふれられる今の環境がなかったら、いくら地元に球団があったとしても、おそらくここまでのことにはなっていなかっただろうと思う。少なくとも私自身の少年時代を振り返ると、まったく想像もできなかった未来を現在の私たちは生きている。

ＰＬＭがその設立以来、丁寧に積み重ねてきた実績と開拓してきた風景が、たとえば一人の少年と、その父親の人生にどれほど大きな影響を及ぼしうるのか、思いがけず当事者として証明することになった。

「プロ野球の新しいファンを増やす」ことをミッションに掲げるＰＬＭによって、息子も私も、ものの見事に「プロ野球の新しいファン」に変えられてしまったのだ。

もっとも、あれほど魅力的な人たちがその裏で懸命に働いている姿を知ってしまったら、そんな彼ら彼女らが世に届ける事業やサービスを、好きにならないほうが難しい。もう以前のように「野球に興味ないんで」とは言えなくなった。

日本のスポーツビジネス界における風雲児的存在である根岸友喜ＣＥＯをはじめ、私がＰＬＭを通じて出会った人たちはみな、根底に己の芯や価値観をしっかりともちながら、それぞれ自分なりのビジョンをもって前向きに働いていた。

オフィス全体に風が吹き抜けるような爽やかさがあった。それぞれが強みをもったプロフェッショナルであり、歩んできた道も絶妙にバラバラだ。

そうしたさまざまな背景と個性をもった人々が、いかにして一つの組織に集まって、一つの大きなベクトルを生み出しているか。逆にいえば、同じ一つの会社でも、いかにそこに至る道筋が多様であるか。

プロ野球やパ・リーグはもちろんのこと、スポーツビジネス全般に関心をもつ読者のみなさん、あるいは、スポーツビジネスパーソンを志すみなさんに届けるコンテンツとして、このPLMの人たちを主人公に取り上げても面白いのではないか。あるときふと、直感的にその絵が浮かんだ。

この直感に確信と機会を与えてくださったのが、徳間書店のブックプロデューサー苅部達矢氏だ。本書の企画が本格的に誕生したのは、ふとしたきっかけで氏をPLMのオフィスにお連れした帰り道だった。

こうして今回、十数名の方々に登場していただいたが、日本代表選手を選考する監督の気持ちが、ほんの少しだけ想像できた気がした。個性派プロ集団のPLMは、それくらい見事にどの人も豊かな歴史と個性をもっている会社で、できることなら、全員のストーリーを紹介したかった。

取材に協力してくださったみなさん、残念ながら今回は登場させられなかったみなさんも含め、PLMに関わるすべての方々に、あらためて格別の敬意と謝意を表したい。

そんなPLMも2024年、7年ぶりに社長交代という節目を迎える。3月末で根岸友喜CEOが退任し、昨年11月から副社長を務める新井仁氏が、4月から新CEOに着任する。

その11月、副社長に着任したばかりの新井氏にオフィスで直接話を聞いたところ、すぐに返ってきたのが、「クリエイティブな会社にしたい」という言葉だった。

現在のビジョンやミッションを継承しつつ、創造性豊かにさらに良いものを加えていきたいとのことだった。福岡ソフトバンクホークスの球団職員として各事業を引っ張ってきた新井氏が率いる今後のPLMにも、おおいに注目したい。

また、スポーツ業界全体としても、政府が掲げた目標どおりの成長が本当に実現するのか。実現したとして、その先にどんな景色や世界が待っているのか。私自身もスポーツビジネスに関わる当事者の一人として、あらためて注視し続けようと思う。

資本主義社会を生きるわれわれの多くにとって、好むと好まざるとにかかわらず「ビジネス」は身近なものであり、まったく「ビジネス」と関わることなく生きていくことは難しい。あるいは技術革新とＡＩの時代において、人間が人間たる意味を問われ続けているわれわれにとって、スポーツという存在がもつ価値と可能性はきわめて興味深いものであるし、何より、大切なものだと私は思う。

そうした視点ももちながら、「野球」「スポーツ」あるいは「ビジネス」といった単語を本書から一掃したときに、果たしていったい何が残るのか。そうしたところも読者のみなさんに感じ取っていただければ、筆者としては望外の喜びである。

本書は昨年刊行した、『東大8年生　自分時間の歩き方』（徳間書店）に続く2冊目の著書となるが、執筆にあたり、今回も家族の理解と協力が不可欠だった。ありがとう。

またそれだけでなく、生後間もない次男の世話もあって夫婦でいろいろ追いつかなくなっていたところ、執筆に集中できるよう何度も助けてくれた近所の友人家族や、長男のクラスメイトのママ、同じく近所のパパ友（長男のフットサルコーチ）にも心から感謝したい。

エピローグ

季節はまた少しずつ春に向かい、野球の新シーズンも近付いてくる。おかげさまで無事に執筆を終えられたので、この瞬間をずっと待ってくれていた長男との約束どおり、まずは、日々の野球の練習を再開しようと思う。

二〇二四年二月

タカサカモト

PLM

パ・リーグTV

PLM Career

タカサカモト
作家、フットリンガル代表
1985年４月12日、鳥取県生まれ。東京大学文学部在学中にメキシコに渡り屋台のタコス屋で働く。帰国後にYouTubeで観たネイマールのドリブルに魅了され、卒業と同時にブラジルへ渡航。アポなしで飛び込んだ名門サントスFCで広報の仕事を得てスポーツ界入りを果たす。その後、ネイマールの来日時通訳などを経て、フットリンガルを創業。国際舞台での活躍を志すサッカー選手や野球選手を対象に、語学指導や異文化適応のアドバイスを提供している。英語・スペイン語・ポルトガル語が堪能。2023年3月刊行の『東大８年生　自分時間の歩き方』（徳間書店）は「2024 若い人に贈る読書のすすめ」にも選出された。浦和で子育て中心の生活を送る２児の父。

X（Twitter）：@ grantottorino
Instagram：@ takafotos

取材協力　パシフィックリーグマーケティング株式会社
装丁　坂井栄一（坂井図案室）
写真　アフロ
構成　月岡廣吉郎　安部千鶴子（美笑企画）
組版　キャップス
編集　苅部達矢

ＰＬＭメソッド
ファンを増やしてプロ野球の景色を変える！

第１刷　2024年2月29日

著　者　タカサカモト
発行者　小宮英行
発行所　株式会社徳間書店
〒141-8202　東京都品川区上大崎3-1-1
目黒セントラルスクエア
電　話　編集(03)5403-4344／販売(049)293-5521
振　替　00140-0-44392

印刷・製本　株式会社広済堂ネクスト

ISBN978-4-19-865713-0